대학생을 위한

진로탐구와 역량개발

CAREER INQUIRY AND COMPETENCE
DEVELOPMENT FOR UNIVERSITY STUDENTS

강미영 저

학지사

머리말

대학의 교과과정에 진로교과목이 도입된 것은 대학에서 취업지원 및 취업교육 프로그램이 다양화되고 확대되는 과정에서 이루어졌다. 단기적 취업교육의 한계를 보완할 보다 장기적 관점의 체계적 · 전문적 취업교육이 요구됨에 따라 대학 교양 영역에서 진로교과목이 개설되기 시작한 것이다. 초반에는 진로보다는 주로 취업교과목의 관점에서 운영되었다. 외부 강사 초빙을 통한 특강 형식이나 대학에 배치된 취업지원관이 교수자로 참여하는 등 교과과정에 개설된 취업 프로그램으로서 기능했다 할 수 있다. 하지만 단지 대학 졸업 시점의 취업 문제만이 아닌 전 생애 관점의 진로교육이 중요해지면서 진로에 대한 사회적 · 국가적 관심이 증대되었고, 그러한 인식의 변화에 힘입어 진로교과목의 역할과 위상도 빠르게 성장했다. 현재는 대학 진로교육의 핵심적 개입방법이자 대학의 필수적 교육과정으로서 정착되어 그 중요성이 강조되고 있다.

이처럼 대학생을 위한 진로교과목은 취업교육으로부터 발전해 왔다. 취업은 대학 진로교육의 중요한 주제이며 결과이다. 그러므로 대학 진로교과목은 대학 진로교육에 대한 올바른 이해를 바탕으로 진로 및 취업 교육의 기능을 균형 있게 효과적으로 전달할 수 있어야 한다. 이에 이 책은 실제 대학 진로교과목의 수업과정을 염두에 두고 각 차

시 계획을 설계하면서 이론과 실습, 진로와 취업의 학습 주제를 적절하게 배치하고자 했다. 또한 이 책은 단위 대학의 진로교육 정책으로서 추진된 진로교과목 개발연구의 결과물로, 기획단계에서의 요구분석, 최신 진로이론을 활용한 이론적 기초 확립, 개발과정에서의 진로교육 전문가 자문 등 상담 프로그램 개발의 제반 절차를 따랐다.

프로그램의 이론적 기초로는 Krumboltz의 사회학습진로이론과 우연학습이론을 중심에 두고 Savickas의 진로구성이론으로 보완했다. 이들 최신 진로이론은 제4차 산업혁명 시대를 살아갈 대학생의 진로지도에 매우 적합한 것으로 판단된다. 이들 이론은 시대적으로도 적합한 선택이지만 진로문제의 원인보다는 변화와 자원에 초점을 둔다는 점에서, 그리고 프로그램 개발을 위해 이론들을 조직했을 때 서로 자연스럽게 호응하여 교육내용의 계열성과 체계성을 논리적으로 이루어 낼 수 있다는 점에서 수업에의 적용에 적절하다고 판단되었다. 게다가 지금의 대학생들은 초 · 중 · 고등학교 시기를 거치면서 전통적 진로이론 기반의 진로교육을 많이 경험해 왔을 것이라는 점도 어느 정도는 고려되었다. 최신 진로이론의 안내로 대학생들이 새롭고 심화된 진로학습을 체계적으로 경험하면서 자신의 진로자원을 깨닫고 진로인식을 향상할 수 있게 되기를 기대한다.

이 책의 대상 독자층은 대학생이며 그중에서도 2학년에 보다 초점을 맞추었다. 이 책은 대학생의 성장단계별 진로학습 목표를 진로탐색(1학년), 역량개발(2학년), 경력개발(3학년), 실전취업(4학년)의 4단계로 설정하고, 2학년을 중심으로 전후와 양옆을 모두 고려하면서 내용을 구성했다. 각 단계 혹은 학년의 의미는 모두 나름대로 중요하겠지만, 대학 2학년은 자유로운 대학생활을 만끽하면서도 자신의 진로를 깊이 있게 탐구하며 향후 사회 진출을 위해 필요한 역량을 쌓기 시작하기에 최적의 학년이라 할 수 있다. 이에 이 책은 '진로탐구'와 '역량개발'을 진로교과목의 학습 목표이자 대분류 구성요소로 두고 이론을 기반으로 하위 구성요소를 조직화했다.

이 책의 학습 내용은 다음과 같이 설계되었다. 첫째, 1단계로서 '진로탐구'와 '역량개발'의 2개 대분류로 구분했다. 둘째, 2단계로서 '진로탐구'는 '진로탐구와 진로의사결정 다시 시작하기' '진로학습의 원리와 협동학습 이해하기' '나의 삶과 진로이야기 말하기'로, 그리고 '역량개발'은 '직업능력 준비하기' '진로이야기 다시 말하기' '구직능력 준비하기'로 각각 3개의 중분류로 다시 세분했다. 셋째, 총 6개의 중분류 구성요소는 또다시 나뉘어 총 12개의 학습 주제로 설정되었고, 총 15차시의 수업계획 중 오리엔테이션과 중간고사 및 기말고사를 제외한 전체 차시의 학습 주제로 할당되었다.

이 책의 핵심적 교수-학습 방법은 프로젝트 중심 학습(Project Based Learning: PBL) 을 적용한 협동학습이다. 대학생의 진로학습에 있어 무엇보다 중요한 것은 주도성과 협력성이다. 오늘날의 진로는 단지 자기와 직업의 매칭 개념으로는 설명이 어렵게 되었고, 경력개발의 책임은 거의 전적으로 개인에게 부과되고 있다. 이제 개인은 생애 동안 진로를 전환하고 자기 가치에 따라 성공을 이루어 내기 위한 주도적 · 협력적 학습능력을 더욱 길러야 한다. 이에 진로교과목이 진로문제 해결의 원리와 방법을 익히는 실험 공간이 되기를 기대하면서 강의와 함께 진로탐구 활동이 병행되도록 PBL 기반 협동학습, 즉 팀 활동을 설계하여 포함했다. 이 책은 팀 활동 중심의 진로학습 과정에서 대학생들의 자기주도학습을 조력하는 가이드이자 읽기 자료로 활용될 수 있다.

이상하게도 현재는 늘 역대 최고의 불경기이고, 청년실업이라는 단어는 마치 영원히 해결되지 않을 문제처럼 뉴스나 각종 연구에서 상용구 같이 사용된다. 그리고 갑작스럽게 찾아온 코로나19로 인해 외환위기에 버금갈 만큼 청년취업 시장이 급속하게 얼어붙는 상황도 경험했다. 하지만 이러한 예측 불가의 상황은 어쩌면 이미 예측된 결과였다. 변화무쌍하고 예측하기 어렵다는 것은 이미 제4차 산업혁명 시대를 설명하고 있기 때문이다. 우리는 앞으로 또 다른 차원의 변화 상황을 언제든 다시 맞을 수 있음을 알게 되었다. 그러니 대학 진로교육은 진로선택을 위한 조력뿐만 아니라 학생들이 제4차 산업혁명 시대에 필수적으로 요구되는 적응성과 역량을 기를 수 있도록 보다 향상된 교육과정으로 제공되어야 한다. 직업인으로서 책임감 있고 적응력 있게 진로를 나아갈 수 있도록 진취적인 목표와 미래지향적 방향을 충실하게 안내해야 한다. 이 책이 현장에서 유용하게 활용되어 대학 진로교육의 사명에 의미 있게 기여되기를 기대한다.

끝으로, 이 책이 나오기까지 인제대학교 취업진로처 최용주 처장님과 여러 선생님의 지지와 도움에 감사드리며, 특히 진로교과목 개발연구에 함께 매진해 주신 진로교육지원센터 김남구 계장님, 김솔 주임님, 권도연 연구원님, 박준섭 선생님께 진심으로 감사의 인사를 전한다. 또한 필자의 스승으로서 교과목 개발 과정에서 귀한 말씀으로 자문해 주셨던 숙명여자대학교 김봉환 교수님께 머리 숙여 감사의 인사를 드린다.

2024년 2월

저자 강미영

차례

제2부 진로학습의 원리와 협동학습 이해하기

제3부 나의 삶과 진로이야기 말하기

제4부 직업능력 준비하기

제5부 진로이야기 다시 말하기

제6부 구직능력 준비하기

오리엔테이션

학습 내용

1. 진로탐구와 역량개발을 위한 진로학습 목표 및 평가지표
2. 진로탐구와 역량개발을 위한 주요 학습 내용

학습 목표

- 진로학습의 목표와 주요 학습 내용을 설명할 수 있다.
- 수업에 대한 자신의 기대를 확인하며 진로학습 동기를 가져 볼 수 있다.

1. 진로탐구와 역량개발을 위한 진로학습 목표 및 평가지표

최근 직업세계의 변동성이 커짐에 따라 전 생애적 진로교육의 필요성과 진로개발역량의 중요성이 강조되고 있다. 인구구조 변화, 디지털 대전환, 코로나19 등 최근 사회환경 변화로 인해 직업세계의 불확실성이 증대된 상황이기 때문이다(교육부, 2023). 이에 교육부의 '진로교육 활성화 방안[2023~2027]'에서는 학생들이 사회 변화에 적응하면서 살아갈 미래 역량이 강조되며 방법적 측면에서의 진로교육 전환의 필요성이 제기되고 있다. 지난 '2020 학교 진로교육 지원계획'(교육부, 2020)에서도 학생 스스로 자신의 소질과 적성에 맞는 진로를 찾고 설계할 수 있기 위한 창의적이고 능동적인 진로개발역량의 함양이 중요하게 강조되었다. 이처럼 진로개발역량이 주목받게 된 것은 국가 수준의 교육과정에서 진로교육이 처음으로 강조된 2007 개정 교육과정 시기부터이며, 현재까지 우리나라 진로교육의 중요한 목표로서 교육의 방향성을 제시해 주고 있다. 진로개발역량(career development competencies)이란 '진로개발'이라는 상황 또는 목적을 위해 어떠한 역량이 요구되는가에 관한 논의로, 한 개인의 적극적인 진로개발을 위하여 요구되는 지식, 태도, 기능으로 설명된다(국가교육과정정보센터, 2009; 김지연 외, 2022). 또는 학생 자신의 진로를 창의적으로 개발하고 지속적으로 발전시켜 성숙한 민주시민으로서 행복한 삶을 살아갈 수 있는 역량(교육부, 한국직업능력개발원, 2016; 이지연, 2017)으로도 정의된다. 이러한 진로개발역량은 진로교육 활동의 목표뿐만 아니라 내용 요소로도 활용될 수 있다(국가교육과정정보센터, 2009; 김지연 외, 2022).

대학생의 진로탐구와 역량개발을 위한 진로교육과정의 개발은 이와 같은 우리나라 진로교육의 변화하는 인식과 방향성을 바라보면서 실제 대학 현장의 상황과 여건을 고려하여 학습 목표와 평가지표 등을 선정하였다. 이에 대학생의 진로탐구와 역량개발을 위한 진로교육과정의 학습 목표는 진로역량의 함양에 두기로 하였다. 진로개발역량과 유사한 개념인 진로역량(career competencies)이란 개인의 일을 중심으로 한 경험의 계속된 과정에서 개인에게 의미 있는 진로성공을 이루기 위하여 필요한 핵심적인 지식, 기술, 태도로 구성된 총체적 능력(정지은, 정철영, 2017)으로 정의된다. 역량은 경험을 통해 형성되고, 학습을 통해 습득할 수 있는 능력(이숙정, 김해란, 2012)이므로 개선된 진로교육과정의 교육내용과 방법을 통해 진로역량의 함양을 기대해 볼 수 있다.

평가지표는 객관적 평가지표와 주관적 평가지표를 활용 목적에 맞게 사용해 볼 수 있다. 대학생의 진로탐구와 역량개발을 위한 진로교육과정에서는 객관적 평가지표로서 대학생 진로역량 척도(정지은, 정철영, 2017)를 채택할 수 있다. 이 척도는 프로그램 효과 측정뿐만 아니라 학습자 스스로가 이 학습의 결과로서 자신의 진로역량이 어떻게 변화했는지를 확인해 보는 자기평가 도구로도 사용될 수 있다. 한편, 주관적 평가지표도 사용해 볼 수 있는데, 수업을 통해 생성되는 수업 만족도 관련 자료, 수강생 인터뷰 자료 등 다양한 산출물이 활용될 수 있다.

학습 목표 및 성과는 수업의 방향성을 초점화하는 역할로서 중요하다. 단, 학습 목표의 달성이나 성과 창출은 과정에의 집중과 충실성을 통해 가능하다는 것을 유념해야 한다. 진로학습 과정은 충분한 이론 학습과 함께 성의 있는 실습 수행의 태도가 요구되며, 성찰글쓰기를 통해 온전히 자기 자신과 함께하는 성찰과 숙고의 시간도 필요하다. 이러한 학습 활동들은 진로탐구와 역량개발의 과정에서 필수적인 경험들이다. 그리고 결과적으로 그 경험들은 새롭게 구성된 '진로이야기'로서 학습자인 우리 자신의 정체성을 긍정적으로 구체화하는 데 기여될 수 있다. 본 교재는 대학생들이 진로학습의 과정에서 과업을 원활하게 수행할 수 있도록 체계적이면서도 안정적으로 안내하는 역할을 할 것이다.

2. 진로탐구와 역량개발을 위한 주요 학습 내용

차시	대분류	중분류	학습 주제	주요 학습 내용
1	오리엔테이션			• 사전 진단평가
2	진로 탐구	진로탐구와 진로의사 결정 다시 시작하기	진로탐구의 시작	• 행복한 삶, 진로, 직업 • 진로탐구의 의미와 목적
3			진로의사결정	• 진로의사결정과 의사결정유형 • 합리적 진로의사결정
4		진로학습의 원리와 협동학습 이해하기	진로학습의 원리	• 학습경험과 과제접근기술 • 대학생활의 과제와 진로구성
5			스스로 더불어 나아가는 진로	• PBL과 협동학습 이해 • 진로정보의 탐색과 활용
6		나의 삶과 진로이야기 말하기	나 그리고 나의 삶	• 긍정적 자기이해 • 진로구성 인터뷰
7			나의 진로이야기	• 직업적 성격 이해 • 진로선택의 근원적 동기 이해
8	중간고사			
9	역량 개발	직업능력 준비하기	미래인재 요건	• 제4차 산업혁명 시대의 인재상 • 기업분석 기초 이해
10			직업능력	• 직업능력 • 직무분석 기초 이해
11		진로이야기 다시 말하기	진로이야기 재구성	• 내러티브의 재구성과 생애진로주제 • 진로신념의 재구성
12			목표설정과 역량개발	• 목표설정과 학습계획 수립 • 계획된 우연을 향한 실행
13		구직능력 준비하기	프레젠테이션 이해	• 역량평가로서의 프레젠테이션 • 진로 프레젠테이션의 실제
14			역량지원서 이해	• 역량지원서 작성의 기본 원칙 • 서술형 지원서 작성법
15	기말고사			

◆ 사전 진단평가: 대학생 진로역량척도

번호	항목	전혀 그렇지 않다	그렇지 않다	보통 이다	그렇다	매우 그렇다
1	나는 내 삶의 목적을 지속적으로 생각해 본다.	①	②	③	④	⑤
2	나는 내 삶에 있어 진로와 직업이 갖는 의미를 생각해 본다.	①	②	③	④	⑤
3	나는 내 삶에 있어 중요하게 생각하는 가치가 무엇인지 알고 있다.	①	②	③	④	⑤
4	나는 내가 희망하는 진로에서 좋아하는 것이 무엇인지 알고 있다.	①	②	③	④	⑤
5	나는 내 진로에 있어 나의 열정을 명확하게 알고 있다.	①	②	③	④	⑤
6	나는 내가 잘하는 것과 잘하지 못하는 것을 구분해 본다.	①	②	③	④	⑤
7	나는 나의 경험 안에서 나의 특성을 발견해 본다.	①	②	③	④	⑤
8	나는 내가 희망하는 진로에서 나의 강점과 약점을 생각해 본다.	①	②	③	④	⑤
9	나는 내가 희망하는 진로에서의 내 능력을 예측해 본다.	①	②	③	④	⑤
10	무언가를 잘 해냈을 때, 내가 발휘한 강점이 무엇인지 생각해 본다.	①	②	③	④	⑤
11	나는 나의 관심사를 주변 사람들과 이야기한다.	①	②	③	④	⑤
12	나는 내가 희망하는 진로목표를 타인에게 설명할 수 있다.	①	②	③	④	⑤
13	나는 내가 희망하는 진로에서 나의 강점을 설명할 수 있다.	①	②	③	④	⑤
14	나는 내가 희망하는 진로에서 가장 중요하게 생각하는 것이 무엇인지 설명할 수 있다.	①	②	③	④	⑤
15	나는 나보다 많은 경험을 가지고 있는 사람들과 친분을 쌓는다.	①	②	③	④	⑤
16	나는 나의 진로에 도움을 줄 수 있는 분께 연락하여 조언을 구한다.	①	②	③	④	⑤
17	나는 대학 안에서 다양한 사람과 친분을 쌓는다.	①	②	③	④	⑤
18	나는 대학 밖에서 나의 진로에 도움을 줄 수 있는 사람들과 친분을 쌓는다.	①	②	③	④	⑤
19	나는 관심 있는 직업분야에 종사하는 사람들을 만나기 위해 노력한다.	①	②	③	④	⑤
20	나는 성장할 수 있는 기회(교육, 훈련 등)를 찾아본다.	①	②	③	④	⑤
21	나는 나의 학습과 경험이 진로와 어떻게 연결될 수 있는지 알아본다.	①	②	③	④	⑤
22	나는 관심 있는 직업분야에 대한 정보를 계속 수집한다.	①	②	③	④	⑤
23	나는 관심 있는 직업분야의 나의 진출 가능성을 알아본다.	①	②	③	④	⑤
24	나는 관심 있는 직업분야에서 전문성을 쌓기 위한 방법을 찾아본다.	①	②	③	④	⑤
25	나는 내가 희망하는 진로에서 궁극적으로 이루고자 하는 목표를 세운다.	①	②	③	④	⑤
26	나는 내가 희망하는 진로를 위한 실천계획을 구체적으로 세운다.	①	②	③	④	⑤
27	나는 관심 있는 직업분야에서 필요한 것을 학습 또는 경험하며 준비한다.	①	②	③	④	⑤
28	나는 진로 준비과정에서 발생하는 변화에 능동적으로 대처한다.	①	②	③	④	⑤
29	나는 내가 희망하는 진로의 목표와 계획을 지속적으로 검토한다.	①	②	③	④	⑤

출처: 정지은, 정철영(2017).

표 1 채점표

하위요인		진로성찰	자기성찰	자기표현	네트워킹	진로탐색	진로관리	진로역량
번호		1~5	6~10	11~14	15~19	20~24	25~29	1~29
문항 수		5	5	4	5	5	5	29
사전	합계							
	평균							
사후	합계							
	평균							

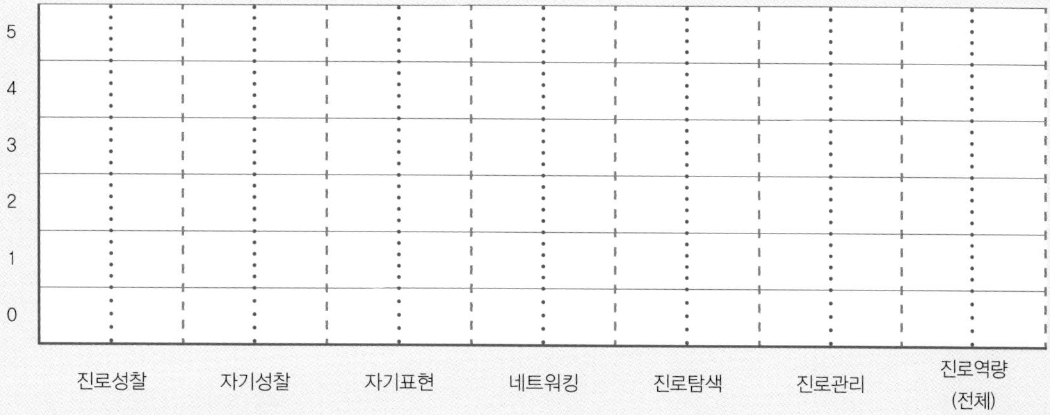

표 2 진로역량의 하위영역 개념

영역	개념	하위요인	내용
성찰 역량	자신의 진로 방향성을 인식하고 자신의 특성과 진로 방향성을 연계하는 성찰적 역량	진로성찰	진로 목적을 지속적으로 성찰하는 역량
		자기성찰	진로와 관련한 자신의 강점, 약점, 능력을 지속적으로 성찰하는 역량
커뮤니케이션 역량	자신의 진로와 관련하여 타인과 소통하고 네트워크를 형성하는 관계적 역량	자기표현	타인을 대상으로 자신의 특성을 표현하는 역량
		네트워킹	진로와 관련한 네트워크를 형성 및 발전시켜 나가는 역량
행동 역량	주도적으로 자신의 진로를 개발해 나가는 실천적 역량	진로탐색	진로 관련 기회를 능동적으로 탐색하는 역량
		진로관리	진로 실현 과정을 주도적으로 참여하며 관리하는 역량

출처: 정지은, 정철영(2017).

대학생을 위한
진로탐구와
역량개발

제 1 부

진로탐구와 진로의사결정 다시 시작하기

제1장

진로탐구의 시작

학습 내용

1. 행복한 삶, 진로, 직업
2. 진로탐구의 의미와 목적

학습 목표

- 진로와 직업의 개념 이해를 토대로 진로학습 및 성찰을 시작할 수 있다.
- 전공을 기반으로 긍정적 직업의식과 진취적 태도를 형성해 갈 수 있다.

1. 행복한 삶, 진로, 직업

1) 행복한 삶

(1) 행복의 개념 정의

일찍이 Aristoteles는 모든 사람에게 삶의 궁극적 목적은 행복이라고 말했다. 인간은 누구나 행복한 삶을 추구하기 위해 삶을 살아간다는 것이다. 그런데 행복한 삶은 저절로 주어지지 않는다. 행복한 삶은 인간에게 삶의 궁극적 목적인 행복을 추구하는 노력을 통해 얻어지는 것이며, 행복한 삶은 우리 스스로가 행복 추구의 노력을 선택함으로부터 가능해진다.

그렇다면 과연 행복이란 무엇인가? 구교준 등(2015)에 따르면 행복이 무엇인지에 대한 논의는 크게 두 가지로 구분될 수 있다. 첫째, 행복의 근원에 대한 논의로서 행복을 인간 내적인 것에서 찾느냐 혹은 외적인 것에서 찾느냐의 문제이다. 둘째, 행복의 성격에 관한 논의로서 행복을 주관적인 만족이나 쾌락으로 볼 것이냐 혹은 개인이 가진 가치나 역량의 추구로 볼 것이냐의 문제이다. 특히 후자의 경우는 고대 그리스 철학의 두 가지 접근인 쾌락주의(hedonism)와 행복주의(eudaimonism)를 중심으로 현대 사회과학의 여러 분야에 영향을 미쳤는데, 어떤 접근을 취하느냐에 따라 행복의 성격이 크게 달라질 수 있다는 점에서 행복의 개념은 명확하게 정의하기가 어렵다는 것을 알 수 있다. 그렇지만 행복의 성격에 관한 논의는 어떤 삶이 좋은 삶인지에 대한 질문과 닿아 있어 행복한 삶과 진로에 대한 통찰을 얻게 한다.

심리학에서는 행복을 심리적 안녕(psychological well-being) 개념으로 설명하기도 하는데, 심리적 안녕이란 행복을 단순히 쾌락으로만 바라보는 것이 아니라 개인이 가진 잠재력을 실현해 나가는 과정에서 끊임없는 노력을 통해 얻어지는 성장과 발전, 그리고 이로 인한 심리적 만족감을 의미한다(Ryff, 1995; Ryff & Singer, 2000). Ryff와 Keyes(1995)

는 심리적 안녕을 자율성(autonomy), 성장(growth), 자기긍정(self-acceptance), 삶의 목적(life purpose), 탁월성(mastery), 긍정적 관계(positive relatedness) 등의 여섯 가지 측면을 통해 발현된다고 설명했다. Ryan과 Deci(2000)는 자기결정이론(self-determination theory)을 통해 심리적 안녕의 핵심 요인을 자율성(being autonomous), 역량(being competent), 관계(being related)로 제시하며 단순한 쾌락이 아닌 자아실현을 통한 심리적 만족이 행복의 요체임을 강조했다.

이처럼 행복은 기본적으로 다차원적인 개념이어서 어떤 차원을 중심으로 볼 것인지가 중요하다. 행복에 관한 가치와 역량 중심의 접근들은 행복한 삶과 진로의 의미를 자연스럽게 연결 짓고 있어 진로의 측면에서 통찰을 얻을 수 있게 한다.

(2) 행복의 조건

그러면 우리는 언제 진정한 행복을 느낄 수 있는가? 실제로 역량이론에서는 삶의 질을 평가하는 데 있어 건강을 유지하고, 이성적인 사고를 하며, 문화생활을 영위하는 등 개인이 가치를 두고 있는 다양한 삶의 조건을 자유롭게 추구할 수 있는 환경의 중요성을 강조한다(구교준 외, 2012). 그래서 우리가 언제 행복을 느낄 수 있는지는 행복 추구를 위한 보편적이고 기본적인 조건을 살펴봄으로써 알 수 있는데, 그 조건은 소극적인 조건과 적극적인 조건으로 나누어 볼 수 있다(김태길, 1996; 정철영, 서우석, 2023).

표 1-1 행복 추구를 위한 기본 조건

구분	행복 추구를 위한 기본 조건
소극적인 조건	• 기본적인 건강 • 최소한의 경제적 안정
적극적인 조건	• 자아 성장 • 떳떳한 구실 • 원만한 인간관계

출처: 정철영, 서우석(2023).

우선, 행복 추구를 위한 소극적인 조건은 기본적인 건강과 최소한의 경제적 안정을 들 수 있는데, 다만 이 두 가지가 조건은 행복을 위한 필수조건이지만 충분조건은 아니다. 즉, 건강과 경제적 안정만 있다고 해서 행복해지는 것은 아니라는 것이다. 다음으로, 행복 추구를 위한 적극적인 조건은 자아 성장, 떳떳한 구실, 원만한 인간관계를 들 수 있다. 자아의 성장과 실현을 의식할 때, 공동체에서 떳떳한 구실을 하여 자신을 필요한 존재로서 인정할 수 있을 때, 너와 나의 만남의 과정에서 그 관계가 원만할 때 우리는 인간으로서의 만족, 즉 행복을 느낀다는 것이다. 그러므로 부나 명예나 권력이 있더라도 이 다섯 가지 기본 조건이 충족되지 않으면 행복은 실현되기 어렵고, 반대로 부나 명예나 권력이 없더라도 행복의 다섯 가지 기본 조건이 충족되면 행복을 느낄 수 있다. 행복 추구를 위한 다섯 가지 조건에는 우리가 행복한 삶을 얻기 위해 어떻게 살아가야 하는지에 대한 답이 내포되어 있다.

이처럼 행복은 개인이 추구하는 가장 근원적인 가치이자 중요한 목적함수이다. 행복한 삶은 우리 스스로 자신의 잠재력을 최대한 발휘하여 자아를 실현함으로써 달성할 수 있는데, 이러한 자아실현은 인간이 일생 동안 수행하는 일과 직업을 통해 이루어진다(김영인 외, 2006; 정철영, 서우석, 2023). 그러므로 자아실현과 행복한 삶을 이루어 가기 위해서는 자기 삶의 의미를 이해하고 삶에 대한 가치관과 생애목표를 올바르게 설정하며, 설정된 가치관과 목표에 따른 진로 및 직업의 의미와 목표를 올바르게 인식하는 것이 중요하다.

2) 진로

(1) 진로의 개념 정의

진로(進路, career)는 한자로 해석하면 '인생길을 걸어간다'는 포괄적인 개념이고, 영어로 표기된 career의 어원은 '수레가 다니는 길을 따라간다'는 뜻을 가진 라틴어 'carro'에서 유래한 것이며, 사전에서는 '한 개인의 생애 전 과정'으로 정의되고 있다(김봉환, 2019). 이를 종합해 보면 진로는 인간이 살아가는 방향이나 행로로 설명할 수 있으며, 이는 일생 동안 한 사람이 일과 직업과 관련하여 갖게 되는 인생의 모든 경로를 의미한다고 할 수 있다(정철영, 서우석, 2023).

진로 역시 관점에 따라 다양하게 정의되는데, 학교 현장을 포함한 대다수의 일반적 인식은 진로를 개인이 일생 동안 수행하는 일의 총체(Sears, 1982)로 보는 관점에 가깝다. 진로교육이 주로 일과 직업에 관한 내용에 초점을 둘 때는 진로를 좁은 의미에서 보는 관점을 채택하는 것이 효율적일 수 있다. 한편, 진로는 직업을 포함하면서 삶 전반에 걸친 모든 일과 관련된 과정을 포괄하는 폭넓은 개념으로도 설명된다. Herr 등(2001)은 진로를 일생 동안 갖게 되는 일과 직업뿐만 아니라 가정 및 지역사회에서의 역할, 여가 등도 포함하여 넓은 의미로 사용하였는데(정철영, 서우석, 2023), 전 생애적 진로교육에서는 이와 같은 확장된 관점을 채택할 수 있다.

(2) 진로에 대한 최근 논의

진로에 대한 논의는 현대적 진로이론의 발전과 함께 더 다양한 시선으로 이루어지는 중이다. 황매향 등(2020)은 진로란 자신의 정체감이 현실로 드러나는 과정이며, 진로라는 개념의 핵심적인 내용은 앞으로 더 나아가고 더 나아지는 것이라고 설명했다. 그런 이유에서 '진로' 또는 '생애설계'란 '내 삶의 주인 되기'로 명명할 수 있고, 결국 가장 나다운 것을 찾아가는 과정이 바로 생애설계라는 것이다. 구성주의의 영향이 느껴지는 이런 관점에서 보자면 진로란 우리가 누구이고, 삶에서 진정으로 이루고 싶은 것이 무엇인지에 대한 질문을 던지면서 가장 나다운 것을 찾아가는 과정으로도 이해될 수 있다. 진로에 대한 논의에 있어 우리가 왜 이 일을 하는 것인지, 이 일을 하는 것이 무엇을 목적하는 것인지 이해하는 것은 앞으로 우리에게 점점 더 중요한 문제가 될 것이다. 그래서 진로는 삶의 이유와 목적을 찾아가는 과정으로도 정의해 볼 수 있다(강미영, 2019).

3) 직업

(1) 직업의 개념 정의

직업(職業)이란 단어는 직(職)과 업(業)의 합성어로 되어 있다. 이무근(1999)에 따르면, '직'은 다시 두 가지의 뜻으로 구분해 볼 수 있는데, 하나는 관(官)을 중심으로 행하는 직무라는 관직적 뜻이 있고, 또 하나는 직분을 맡아 행한다는 개인의 사회적 역할의 뜻이 있다. 그리고 '업'이라는 말에는 생계를 유지하기 위하여 전념하는 일이라는 뜻과 자기 능력의 발휘를 위하여 어느 한 가지 일에 전념한다는 뜻이 있다. 따라서 직업이라는 용어는 사회적 책무로서 개인이 맡아야 하는 직무성과 생계를 유지하거나 과업을 위하여 수행하는 노동 행위의 이중적 의미를 내포한다고 볼 수 있다. 영어권에서도 '직'은 하느님으로부터의 소명(calling)을 받아 행하는 소명 의식적이고 사회적인 의미를 지닌 'vocation' 'profession'의 뜻이 강하며, '업'은 노동 행위를 강조하는 'occupation'의 뜻이 강하다고 할 수 있다. 따라서 『한국직업사전』에서는 직업이란 "개인이 계속적으로 수행하는 경제 및 사회활동의 종류"로 정의된다(이무근, 1999). 국제표준직업분류(ISCO-08)에서는 직무(job)를 개별 종사자들이 수행하거나 또는 수행해야 할 일련의 업무와 과업(task and duties)으로 정의하며, 직업(occupation)을 유사한 직무의 집합으로 정의하고 있다. 즉, 직업은 유사성이 있는 직무를 계속해서 수행하는 계속성이 충족되어야 한다.

(2) 직업의 성립 요건

직업에 대한 개념 정의는 직업의 성립 요건을 구성하는 토대가 된다. 직업의 성립 요건은 직업에 대한 판별 기준을 제공할 뿐만 아니라 바람직한 직업관으로서 직업이란 용어에 내포되어 있는 천직 의식에 대해 환기하는 의미도 있다. 직업의 일반적인 성립 요건을 살펴보면 다음과 같다(이무근, 이찬, 2014; 김봉환 외, 2021 재인용).

① 경제적 활동

직업은 생계유지를 위한 경제적 활동이다. 인간이 직업을 가지는 일차적 목적은 자신의 노동행위에 대한 보상(수입)을 얻고 의식주를 해결하기 위함이다. 그러므로 경제적 보상이 뒤따르지 않는 가사노동이나 자원봉사 활동은 직업으로 볼 수 없다.

② 사회적 효용성

직업은 사회적 효용성이 있어야 한다. 사회적 윤리나 규범을 위배하는 활동은 직업으로 인정될 수 없다. 반사회적이며 비합법적인 활동이라 할 수 있는 사채업, 밀수, 도박, 매춘, 폭력청부업, 거지 등이 직업으로 인정되지 않는 것은 그런 이유에서이다.

③ 노동 행위

직업은 노동 행위가 수반되어야 한다. 정신적 · 육체적 노력이 수반되지 않는 것은 직업이라고 할 수 없는데, 이자, 임대료, 주식 배당, 사회보장 등에 의해 수입을 얻는 경우들이 이에 해당한다.

④ 계속성

직업은 계속적으로 수행하는 활동이다. 직업이란 유사한 직무를 주기적으로 행하고 있거나 명확한 주기가 있지 않더라도 계속 수행해야 하고, 적어도 수행할 의지 혹은 가능성이 있어야 한다. 이런 이유에서 일반적으로 일시적 · 단기적 아르바이트는 직업으로 보기 어렵다.

⑤ 자신의 의사에 따른 일

직업은 자신의 의사에 따라 하는 일이다. 강제적으로 하는 활동은 직업이 될 수 없는 것이다. 예를 들어, 의무적으로 복무 중인 군인의 일이나 교도소에서 법의 명령으로 수행하는 활동은 직업으로 볼 수 없다.

(3) 직업의 의미

사람들은 성립 요건을 충족한 직업적 활동을 수행하면서 살아갈 때 일과 삶의 의미를 느낄 수 있다. 이처럼 직업은 우리 삶에 중요한 의미를 부여한다. 일반적으로 직업의 의미는 경제적 의미, 사회적 의미, 심리적 의미의 세 가지로 제시된다(강미영, 2020).

① 경제적 의미

직업은 경제적 의미를 가진다. 우리가 직업적 활동을 통해 얻는 보수나 소득을 통해 생계를 유지하는 것은 직업이 가지는 매우 필수적인 기능이며, 직업이 생긴 이래 유구하게 이어져 내려 온 중요한 가치이다. 현대에 이르러 직업을 통해 얻을 수 있는 정신적 가치의 중요성이 보다 강조되고 있지만 인간의 삶을 유지하기 위한 의식주 해결이 직업의 우선적 요건이며 본질적 의미임을 결코 간과해서는 안 된다.

② 사회적 의미

직업은 사회적 의미를 가진다. 우리는 직업을 통해 사회구성원으로서 역할을 분담하면서 사회적 요구에 부응하게 되고 사회 발전에 기여할 수 있게도 된다. 사회적 동물인 인간은 직업적 경험 안에서 다양한 사람과 만나고 연결되며 사회나 조직에 소속되어 조직의 분담된 역할을 수행하고 구성원 간 공감대를 형성함으로써 심리적으로 소속감과 안정감을 얻는다. 개인과 사회는 직업을 통해 이와 같은 역동적이고 상호적인 관계를 맺게 되고, 그 속에서 개인적 삶의 만족과 사회적 발전을 함께 이루어 가는 것이다.

③ 심리적 의미

직업은 심리적 의미를 가진다. Maslow(1943)의 욕구단계이론에 따르면, 인간은 생리적 욕구, 안전의 욕구, 애정과 소속의 욕구, 존중의 욕구, 자아실현의 욕구 등 위계적인 욕구를 가지고 있다. 직업은 명예, 부, 권력 등 개인의 가치를 실현시켜 주고 개성을 발휘하게 하며 자아실현을 가능하게 한다. 인간은 직업을 통해 본능적인 하위의 욕구에서부터 자아실현의 욕구까지 다양한 욕구를 충족시킬 수 있다. 직업적 활동을 수행하며 자신의 소질과 능력을 발휘하고 성장하는 창조적 경험은 정신적 존재로서의 인간에게 매우 중요한 의미이다.

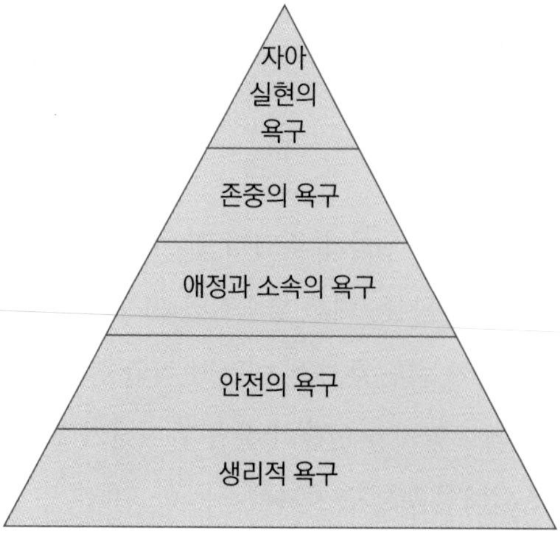

[그림 1-1] **Maslow의 욕구 위계**

이처럼 직업은 우리가 살아가는 데 필요한 자원을 얻게 하는 활동이며, 자신의 삶은 물론 함께 살아가는 공동체에 대한 책임감에 기반하여 수행되는 윤리적이고 창조적인 활동이다. 우리가 직업의 개념과 의미에 대한 정확한 이해를 바탕으로 직업에 대한 소명의식과 긍정적 직업의식을 갖추어 가는 것은 삶의 의미와 목적을 올바르게 추구하기 위한 노력이며, 사회 진출을 준비하는 대학 시기에 필수적으로 갖추어야 할 성찰의 태도이기도 하다.

2. 진로탐구의 의미와 목적

1) 대학생 진로개발의 특징과 주안점

대학생의 진로학습 주제는 크게 세 가지로, 대학생인 나는 누구인가, 대학생으로서 나의 진로목표는 무엇인가, 그 목표를 달성하기 위하여 무엇을 준비해야 하는가로 요약할 수 있다(이지연, 2002). 이러한 진로학습 주제에 대한 심도 있는 이해와 실천을 위해서는 대학 재학 시기 동안 학년별 혹은 성장단계별 목표에 부합되는 진로개발 과정이 제공되어야 하고, 수준별로 연결성을 가지면서 체계적인 방법으로 진로학습이 이루어져야 한다. 다음은 이지연(2002)을 참조하여 대학생 진로개발의 학년별 특징과 주안점을 재구성한 내용이다.

- 대학 1학년 시기: 자신의 진로에 대한 중요성을 인식(認識)하는 단계이다. 생애역할 및 자기 정체성을 이해하고 진로목표에 적합한 계획을 수립하여 진로개발의 필요역량을 파악 및 실행함으로써 자신의 생애와 진로에 대한 중요성을 인식할 수 있다. 그러므로 이 시기에서의 인식이란 단지 인지적 · 성찰적 의미만이 아닌 적극적인 '진로탐색'의 행동과정으로서 이해할 수 있다.
- 대학 2학년 시기: 자신의 진로 가능성에 대한 탐색(探索)의 단계이다. 끊임없이 변화하는 자신에 대한 이해를 높이고 1학년에 수립한 진로목표를 평가 및 수정함으로써 다양한 진로의 방향을 모색할 수 있어야 한다. 그러므로 이 시기에서의 탐색이란 진로목표 명확화를 위한 구체적인 '역량개발'의 행동과정으로서 이해할 수 있다.
- 대학 3학년 시기: 자신의 진로목표 달성을 위해 준비(準備)하는 단계이다. 자신이 선택한 전공 · 부전공의 학문적 특성과 자신과의 관련성을 높이면서 구체적인 진로정보를 수집 및 활용하고 1, 2학년에 함양한 진로개발역량의 평가를 통해 실질적인 준비를 계획할 수 있도록 다양한 프로그램과 교과과정을 이수할 필요가 있다. 특히 방학을 활용하여 인턴십에 참여하고 졸업 후 기업에서 요구하는 조직적응 및 경험의 기회를 체험할 수 있어야 한다. 그러므로 이 시기에서의 준비란 직무능력 입증을 위한 실제적인 '경력개발'의 행동과정으로서 이해할 수 있다.
- 대학 4학년 시기: 자신의 진로목표를 현실에 실행(實行)하는 단계이다. 졸업 후 근로자, 시민, 여가자, 소비자, 생산자, 가족구성원, 평생학습자로서의 다중 인생 역할에 대한 스스로의 이해를 높이고, 효과적인 구직활동을 실행할 수 있어야 한다. 주변의 인적 관계망을 자신의 사회적 지지 자원으로 활용하고 대학 1, 2, 3학년에 익

힌 진로개발역량을 실제 구직활동에 적용 및 실행함으로써 스스로가 설계한 진로 목표가 실제 자신의 삶 속에서 달성될 수 있도록 해야 한다. 그러므로 이 시기에서의 실행이란 역량을 발휘하여 성취해 가기 위한 효과적인 '실전취업'의 행동과정으로서 이해할 수 있다.

다만 이와 같은 학년별 단계는 대학의 진로학습 과정과 세부 목표를 대다수에게 익숙한 4년 학제에 맞추어 학습자의 이해를 도운 구조로 활용할 필요가 있다. 실제의 진로는 선형적 과정이 아닌 순환적 과정으로 이루어지고, 진로구성의 형태와 속도에는 개인차가 발생한다. 진로행동을 진로설계와 진로의사결정의 결과로서 이해하게 되면 진로준비는 지연될 수밖에 없다. 따라서 대학생 진로개발의 4단계는 대학생 진로구성(career construction)의 올바른 방향성을 알려 주는 체계적(systematic) 안내도로서 이해하고, 진로설계 및 진로의사결정은 매 단계에 포함되어 체제적(systemic) 재구성, 즉 계획 및 수행의 수정과 보완이 이루어지는 것으로 이해해야 한다. 최근에는 조기 취업준비의 필요성이 부각되면서 대학생의 진로개발은 기존의 학년별 관점이 아닌 개별 학생의 성장단계가 고려된 학생맞춤형 진로개발로서 전환되고 있고, 각 대학에서는 정책적으로 성장단계별 학생맞춤형 진로개발 지원 서비스를 제공하고 있다. 대학생들이 대학의 다양한 진로개발 지원제도를 적극적으로 받아들이고 활용하는 것은 여러 측면에서의 기회와 유리함을 만들 수 있으므로 매우 권장된다. 일반적으로 대학이 최종 교육단계라는 점에서 어쩌면 대학이란 학생의 권리로 머물 수 있는 최종적인 진로 허브(career hub)라 할 수 있다. 대학생은 대학 공간의 여러 시스템과 도구를 지혜롭게 사용하며 체계적으로 진로학습을 수행하고 든든한 배낭을 꾸려 다시 자기만의 진로로 나아갈 수 있어야 한다. 대학생이 자신에게 당면한 진로과업을 현실적으로 인식한다면 조금씩 시기를 앞당겨 다양한 경험에 도전해 볼 수 있고, 목표도 진취적으로 더 구체화해 갈 수 있다. 그렇게 되면 보다 나은 직무경험을 재학 중에 해 볼 기회도 결국 만나게 된다.

2) 대학생 진로탐구의 의미와 목적

대학생의 진로개발은 청소년기까지 경험했던 전형적인 진로탐색 방식과 수준에서 벗어날 필요가 있다. 심리검사 기반의 자기이해나 인터넷 기반의 직업이해는 진로학습 활동의 단지 한 부분일 뿐이다. 대학 시기에는 진로에 대한 긍정적인 인식을 바탕으로 깊이 있는 진로탐구와 성찰을 충실하게 경험하는 것이 요구된다. 진로탐구(進路探究, career inquiry)란 체계적 방법에 따라 진로에 관한 정보를 수집하고 숙고를 통해 정보를 분석 및 해석하는 심화 수준의 진로학습 활동이다(강미영, 2020). 발달단계를 고려해 볼 때에도 진로탐구는 대학 시기에 적합하고 바람직한 진로학습의 내용이고 방법이자 태도이다.

특히 대학 시기에 올바르게 진로탐구 활동을 하기 위해서는 무엇보다 자신의 전공 관련 진로에 대한 깊은 수준에서의 이해가 요구된다. 그중에서도 저학년 시기의 전공기반 진로탐구 활동은 전공 및 대학생활 적응에도 도움이 되지만 향후 진로결정의 질과 시기에도 긍정적인 영향을 미치므로 보다 강조될 필요가 있다. 저학년 시기의 전공기반 진로탐구 활동은 윤명희 등(2018)이 제시한 방법으로 우선 접근해 볼 수 있다.

- 전공의 발전과정과 인물을 탐구해 본다. 각 소속 전공의 역사와 학문의 기틀을 정립한 인물들을 탐색함으로써 전공에 대한 흥미를 스스로 높인다.
- 전공의 동향과 세부적 분야를 탐구해 본다. 전공의 최근 추세와 전공의 세부적 분야가 어떻게 나누어지는지 알아본다.
- 전공의 사회적 의미와 적용성을 탐구해 본다. 전공이 어떻게 인간의 삶에 도움이 되며 구체적으로 어떤 사회 분야에 적용되는지를 파악하여 본다.

최근 채용시장에서 직무 적합성의 중요성이 대두됨에 따라 직무에 따른 전공의 중요성도 높아지고 있다. 한국직업능력연구원에서 발간한 '대졸 청년의 전공일치 취업 실태 분석'(채창균, 2016)에 따르면, 4년제 대졸의 전공일치 취업률은 73.8%로 나타났는데 대학 유형과 무관하게 전공일치 취업자의 임금이 전공불일치 취업자보다 높았다. 이러한 결과는 전공일치 취업이 임금 등 취업자에게 여러 가지 유리함을 가져다줄 수 있음을 알리며 전공일치 취업의 중요성을 부각시킨다. 물론 모든 사람이 전공과 일치되는 진로를 선택하지 않거니와 반드시 그래야만 하는 것도 아니다. 전공 적합성이 높은 직업분야에서 일하든 전공과 관련성이 적은 다른 분야로의 진출이든 어떤 것이 반드시 더 좋거나 바람직한 것은 아니기 때문이다. 하지만 대학 시기에 전공기반 진로탐구를 통해 전공적합도 혹은 전공만족도를 높여 가는 것이 결과적으로 향후의 직업 결정과 직무만족도에 긍정적인 영향을 미친다는 점은 주목할 필요가 있다. 대학생이 자기가 선택한 전공에 대한 만족도가 높을수록 전공일치 취업의 가능성이 높았고(구성우, 김병주, 2015; 이미선, 김한나, 2019), 전공 관련 직무매치는 직무만족도와 분명한 관련성이 있었다(백병부, 황여정, 2009; 손정선, 2008).

이처럼 대학에서의 전공은 직업의 결정은 물론 입직 이후의 적응과정에까지 크고 작은 영향력을 미친다. 그런데 속눈을 키워야만 보이는 전공의 영향력은 단지 영향력뿐만 아니라 개인의 의지와 노력이 더해질 때 그의 진로개발을 차별화할 중요한 자원으로도 활용될 수 있다. 우리가 그러한 원리를 깨닫는다면 자기 진로의 선택과 해석의 주체로서 자신의 전공을 더 적극적으로 활용할 수 있고 자기 자신을 도울 진로자원 또한 점점 더 풍성해질 것이다.

대학생 진로탐구의 목적은 사회 진출을 준비하는 대학생 개인의 진로역량 개발 및 실현에 두고 있다. 그것은 대학 졸업 시점에 얻게 될 성공적인 입직의 성과도 포함되면서 한 개인이 전 생애 동안 직업인으로서 적응력 있게 살아 내게 할 진로개발의 방법을 체화하는 의미이다. 그리고 그 일은 결과적으로 고등교육을 이수한 한 개인이 진로와 직업 생활에 대한 통제력을 키워서 보다 진취적인 방향으로 진로를 나아가는 시발점에 스스로를 세우게 한다. 특히 대학 시기의 전공기반 진로탐구는 대학교육의 결과로서 얻게 된 소중한 교육의 경험과 성과를 저마다의 진로과정에 창의적으로 통합하는 자양분이 될 것이다. 미래 인재의 전문성은 우수함이나 특별함만이 아닌 평범함 속에서 찾아낸 비범함 속에 숨겨져 있을 수 있다.

실습 1

행복한 삶의 조건 생각해 보기

- 원하는 행동(want), 현재 행동(do), 향후 계획(plan)을 작성하면서 자신이 행복을 느끼기 위한 기본 조건을 어떻게 충족시키고 있는지 점검해 봅니다.
- 토의 활동을 통해 저마다 다른 인식과 상황을 경청하고 서로 격려합니다.

조건	원하는 행동 (Want)	현재 행동 (Do)	향후 계획 (Plan)
기본적인 건강			
최소한의 경제적 안정			
자아 성장			
떳떳한 구실			
원만한 인간관계			

실습 2

나의 전공 인식 점검하기

- 다음 표를 작성하면서 전공에 대한 자신의 인식을 점검해 봅니다.
- 토의를 통해 각자 다르게 형성된 전공 인식을 경청하며 서로 비교해 봅니다.

조건	나의 인식
전공 선택 이유 및 동기	
전공 관련 관심 분야의 인물	
전공 관련 관심 분야의 최신 동향	
전공을 통해 실현하고 싶은 가치나 사회적 기여점	
진로탐구 과정을 통해 해야 할 것	

진로탐구를 시작하며

• 학습 과정에서 느낀 점, 배운 점, 깨달은 점 등을 진솔하게 작성해 봅니다.

제2장

진로의사결정

학습 내용

1. 진로의사결정과 의사결정유형
2. 합리적 진로의사결정

학습 목표

- 의사결정유형을 활용하여 자신의 진로의사결정에 관해 설명할 수 있다.
- 합리적 진로의사결정 단계를 토대로 해결해야 할 진로문제를 도출할 수 있다.

1. 진로의사결정과 의사결정유형

1) 진로의사결정의 개념 이해

진로의사결정은 진로상담과 진로지도의 최종적인 결과이다(김봉환 외, 2006). 그래서 자칫 진로의사결정은 진로탐색을 마친 시점의 최종적 선택으로 이해되기도 하는데 실제로 진로의사결정은 어떤 순간의 선택보다는 일련의 과정으로 이해해야 한다. 그래서 일반적으로 진로의사결정(career decision making)이란 개인이 정보를 조직하고 여러 가지 대안을 신중하게 검토하여 진로선택을 위한 행동과정에 전념하는 심리학적인 과정으로 정의된다(Harren, 1979). 즉, 진로의사결정이란 개인이 선택할 수 있는 진로 대안 중에서 개인의 특성에 가장 적합한 진로 대안을 선택하는 과정이라고 말할 수 있다(김봉환, 2019).

의사결정에 있어 개인차는 몇 가지의 공통된 주제로 구성되어 있다. Harren(1979)에 따르면, 효과적인 의사결정자는 적절한 자아존중감과 잘 분화되고 통합된 자아개념을 가지고 있으며, 합리적 의사결정 유형을 활용하고, 의사결정에 대한 책임을 지는 사람으로서 성숙한 대인관계와 분명한 목적의식을 갖고 있다(김봉환, 2019).

2) Harren의 의사결정유형

Harren(1979)의 의사결정유형은 의사결정이 필요한 과제를 인식하고 그에 반응하는 개인의 특징적 유형에 따라 의사결정을 내리는 방식을 설명해 준다(임은미 외, 2017). Harren(1979)의 의사결정유형은 합리적 유형, 직관적 유형, 의존적 유형으로 분류되며, 진로의사결정에 대한 유용한 통찰을 제공해 준다. 임은미 등(2017)과 김봉환(2019)의 설명을 참조하여 진로문제 해결의 측면에서 각 유형의 특징과 장단점을 살펴보면 다음과 같다.

(1) 합리적 유형

합리적 유형(rational style)은 의사결정 과업에 대해서 논리적이고 체계적으로 접근한다. 정확한 정보수집과 신중하고 논리적이며 책임 있는 의사결정을 한다. 이후의 결정들을 위해서 이전 결정들의 결과를 평가할 수 있는 능력을 소유하고 있고, 미래의 의사결정의 필요성을 예견하여 자신 및 기대되는 상황에 대한 정보를 수집하는 등의 준비를 한다. 따라서 의사결정의 효율성은 상황에 대한 정확한 정보수집과 현실적인 자기평가의 정도에 달려 있다.

(2) 직관적 유형

직관적 유형(intuitive style)은 의사결정에 있어서 개인 내적인 감정적 상태에 의존한다. 즉, 정서적 자각을 사용한 의사결정을 하며 비교적 신속한 의사결정과 더불어 결정에 대한 책임을 수용한다. 하지만 미래에 대해서 예견을 거의 하지 않고 정보수집을 위한 활동도 별로 없으며, 사실에 대해서 논리적인 비중을 거의 두지 않는다. 오히려 환상을 활용하고 현재의 느낌에 주의를 기울이는 특징이 있다. 이 유형을 채택하는 사람들은 결정과정에 대한 각 단계의 선택과 수용이 비교적 빨리 이루어지며, 종종 어떻게 결정에 도달했는가를 명백하게 진술하지 못하는 경향이 있다. 합리적 유형보다 의사결정의 효율성이 낮다.

(3) 의존적 유형

의존적 유형(dependent style)은 타인의 영향을 많이 받고 수동적인 의사결정을 하며 사회적 인정 욕구가 높다. 결정에 대한 자신의 책임을 거부하며, 그 책임을 자신 이외의 가족이나 친구 그리고 동료에게 전가하거나 외부로 투사하는 특성이 있다. 이들은 환경이 제한된 선택을 제공하는 것으로 지각한다.

단지 의사결정유형을 아는 것만으로는 진로문제 해결에 충분한 도움을 얻기는 어렵다. 의사결정유형은 자신의 의사결정 방식을 이해함으로써 진로의사결정의 특징적 양상을 인식하는 데 활용될 수 있고, 각 유형의 장단점은 자신의 진로의사결정을 보다 훌

륭하게 보완해 가는 정보로 활용해 볼 수 있다. 그렇게 해서 개인이 보다 훌륭한 진로의사결정을 할 수 있다면 그 영향력은 단지 진로문제 해결에만 국한되지 않을 것이다.

2. 합리적 진로의사결정

1) 합리적 진로의사결정의 중요성

우리는 살아가면서 자신의 진로와 관련해서 끊임없이 요구되는 의사결정에 직면하게 된다. 정확한 의사결정에 대한 방법을 선택할 수 없거나 적용하지 못한다면 선택에 대한 불확실성이 커지게 된다. 때로 잘못된 결정은 자신의 삶이 원하지 않는 방향으로 진행되도록 하여 후회를 남기기도 한다. 그중에서도 진로를 결정하는 일은 개인의 일생을 통해 성취해야 할 가장 중요한 과업 가운데 하나이다. 우리 생활은 진로선택의 결과에 따라 많은 영향을 받을 수밖에 없는데, Tolbert(1980)는 개인의 일생에서 진로발달에 매우 큰 영향을 미치는 일련의 선택이 가능한 중요한 시기가 있다고 전제하며, 이러한 진로의사결정을 하는 시점을 교육적 선택, 직장의 선택, 직업의 변화 등에서 겪는 중요한 변환점이라고 지적했다. 즉, 능력 발휘의 기회, 거주지, 친구 유형, 사회경제적 지위, 정신 및 신체 건강, 가족 간의 관계 등 진로선택은 생활의 모든 측면에 영향을 미친다(Tolbert, 1980; 김봉환 외, 2018 재인용).

그래서 진로상담에서는 진로의사결정 과정에 초점을 두고 의사결정 기술을 향상시키는 것이 중요한 이슈가 된다(김봉환, 2019). 직업을 선택하는 과정을 설명해 주는 진로의사결정 모델들도 개발되었는데, 이러한 합리적 진로의사결정 이론들의 공통적인 목표는 개인이 실행 가능한 모든 대안을 찾아 이들을 비교하고 평가해서 최선의 대안을 선택하도록 하는 것이다(김봉환 외, 2021).

2) Krumboltz의 합리적 진로의사결정 과정

Krumboltz(1975)는 고등학생과 대학생이 진로의사결정의 합리적인 기술을 보다 쉽게 배울 수 있도록 7단계의 합리적 의사결정 과정을 제시했다. 사회학습이론의 관점에서 진로의사결정을 설명하는 이 모형은 각 단계 명칭의 앞 글자를 따서 'DECIDES'로 명명되었다(고향자, 1992). Krumboltz(1975)의 합리적 의사결정 과정은 7단계로서, 문제 정의(Define the problem), 행동계획 수립(Establish an action plan), 가치 명료화(Clarify values), 대안 확인(Identify alternatives), 결과 예측(Discover probable outcomes), 체계적 대안 제거(Eliminate alternatives systematically), 행동 시작(Start action)으로 제시된다. 김봉환(2019)을 참조하며 대학생의 상황에서 각 단계의 과업을 살펴본 내용은 다음과 같다.

(1) 문제 정의

진로의사결정의 과정은 문제를 명확하게 정의하는 것에서부터 출발한다. 자신이 원하는 것과 현재 상태 간의 불일치(gap)를 확인하면서 진로를 중심으로 정확하게 당면 문제를 정의한다. 예를 들어, 전공 관련 유망 분야 진출을 바라는 대학생이 아직 직무에 대한 기본적 이해조차 부족한 상태라 구체적인 목표를 정하지 못했다면, 직무분석 등 진로정보 활용능력 부족이나 직무 관련 경험 부족 등이 해결해야 할 당면 문제가 될 수 있다. 문제는 진로학습의 목표로 전환할 수 있다.

(2) 행동계획 수립

해당 문제의 해결을 위한 행동계획을 세워 본다. 일반적인 진로교육 커리큘럼들은 대개 자기이해, 직업이해, 진로의사결정, 진로계획의 구조로 구성되어 있다. 그로 인해 학생들은 진로탐색과 진로개발을 그런 순서적 과정으로 생각하면서 진로의사결정과 계획수립을 진로탐색의 후반부 과정으로 오해하기도 한다. Krumboltz의 의사결정 단계는 행동계획 수립의 과업을 단계 앞쪽에 배치하는 방식을 취하며 진로선택이 순환적인 과정을 통해 이루어지는 것이고, 그 과정에서 무엇보다 실천이 중요함을 일깨워 준다. 홀

륭한 진로의사결정을 위해서는 초반에 비록 불완전하더라도 행동계획을 수립해 봄으로써 진로행동의 실행력을 높일 필요가 있다.

(3) 가치 명료화

자신의 신념과 가치를 명확히 하여 문제해결의 기준으로 삼는다. Krumboltz는 초기 이론에서 내담자가 진로와 관련해서 갖게 되는 신념(belief)의 중요성에 대해 언급했다(임은미 외, 2017). 개인은 타고난 유전적 특성을 갖고 자신을 둘러싼 환경에서 다양한 일을 경험하며 자신이 해결할 수 있는 방식으로 문제를 해결하며 살아가는데, 그 과정에서 개인이 자신과 세계에 대해 나름대로 가지게 된 생각을 자기 관찰 일반화(self-observation generalization)와 세계관 일반화(worldview generalization)로 설명했다. 자기 관찰 일반화는 살아오면서 자신에 대해 관찰한 결과 얻어진 자신에 대한 일반화된 신념이다. 세계관 일반화는 자신을 둘러싸고 있는 환경에 대한 일반화된 신념이다. 신념은 개인의 주관적인 생각이므로 어느 정도 오류가 있을 수 있는데, 문제는 역기능적 신념들이 진로선택에 방해가 될 수 있다는 점이다. 그래서 특히 가치 명료화 단계에서는 진로의사결정에 걸림돌이 되는 비합리적 신념을 찾아내어 이를 변화시키는 것이 필요하다. 자신이 삶에서 일과 직업을 통해 추구하고자 하는 가치가 무엇인지 알기 위해서는 워크넷 성인용 직업가치관검사와 같은 심리검사를 실시해 볼 수도 있고, 대학상담센터에서 제공하는 가치 명료화 프로그램에 참여해 보는 방법도 있다. 보다 추천되는 것은 내러티브 관점의 자기이해 방법으로서 '자기 삶의 이야기 말하기'이다. 대학생이라면 진로상담이나 진로교과목 등을 통해 경험할 기회를 찾아볼 수 있는데, 진로이야기를 통해 자신의 생애진로주제를 이해하는 것은 가치 명료화의 의미를 포함한다.

(4) 대안 확인

의사결정의 가장 핵심적 과정으로 먼저 대안을 확인하며 모색해 보아야 한다. 이 단계에서 필요한 것은 시간과 창의성이다. 충분한 시간을 갖고 최대한 많은 가능성을 생각하며 탐색해야 한다. 불안과 실패에 대한 두려움이 커질수록 빠른 결정을 원하게 되지만 다각도의 검토 없이 대안을 성급하게 선택하는 것은 후회스러운 결과를 발생시킬 수 있다. 특히 과거의 방식이 아닌 새롭고 창의적인 방법을 통해 다양한 모색을 시도해야 한다. 인터넷 기반의 정보 탐색뿐만 아니라 대학생에게 제공되는 다양한 기회를 적극적으로 선택하는 것은 대안을 경험으로 확인해 볼 수 있어 훌륭한 진로의사결정을 위해서는 보다 효과적인 모색이다. '대안 확인'은 컴퓨터 앞에서 '뭐 하지?'를 생각하고 있는 것이 아니라 생생한 경험 속에서 '이거구나!'를 외치는 일이다.

(5) 결과 예측

최적의 대안을 선택하기 위해 각 대안의 결과를 예측해 본다. 과거의 경험들을 생각해 보며 자신의 가치와 기준에 따라 우선순위를 정하여 대안들을 평가해 보아야 한다. 이때 가치관이나 성격과 같은 개인 내적인 요소뿐만 아니라 환경, 보상, 관계 등 다양한 기준과 상황이 나름의 균형을 이루며 예측에 포함되어야 할 것이다. 결과 예측의 구체적 방법으로는 현 단계에 대한 자문을 구해 볼 수도 있고, 진로대안의 장단점을 목록으로 만들어 봄으로써 최종 선택을 용이하게 만들 수도 있다. 또는 대학 시기를 중심으로 일 경험에 대한 진로자서전을 작성해 보는 것도 질적 평가의 한 방법이 될 수 있다.

(6) 체계적 대안 제거

모든 대안 중에서 최종적으로 한 가지를 결정하기 위해 다른 대안들을 제외하는 과정이다. 이 과정은 의사결정 프로세스에서 가장 어려운 부분이다. 한 가지 대안을 선택함으로써 다른 대안들의 긍정적 결과를 포기해야 하기 때문이다. 모든 대안은 강점과 약점 혹은 기회요소와 위험요소가 있게 마련이다. 이 단계에서는 대안을 체계적으로 제거하는 방법으로서 대차대조표 양식이나 SWOT 분석기법 등을 적절하게 선택해서 활용해 볼 수 있다.

(7) 행동 시작

최적의 대안이 선택되면 이제 그것을 이루기 위한 행동을 시작한다. 대학생이라면 최종적으로 선택한 진로에 들어서기 위해 본격적인 취업준비를 시작하게 되는데, 선택 가능한 행동과업은 첫 입직 성공에 이르기까지의 요건과 관문을 망라한다. 진로의사결정의 과정을 통해 자신이 원하는 결과를 얻고 만족한 삶을 살기 위해서 자신이 취해야 할 행동이 무엇인지 알게 되었다면 이제 좀 더 자신 있게 효과적인 행동을 선택할 수 있다.

Krumboltz(1989)는 진로의사결정을 진로와 관련된 사회적 강화, 이론화, 직접적 강화, 그리고 그 단어 및 이미지의 결과로 선호적 진로를 선택하는 능력으로 보았다(김봉환 외, 2021). 진로의사결정에 관한 최신 이론인 인지적 정보처리이론에서도 진로의사결정이나 진로문제 해결은 기본적으로 학습되고 연습할 수 있는 기술로 본다. 즉, 합리적 진로의사결정이란 학습을 통해 증진할 수 있는 기술이자 능력이다.

실습 1

유형으로 이해하는 의사결정 방식

- 의사결정유형 체크리스트(Harren, 1979)는 개인이 어떤 방식으로 의사결정을 내리는지를 알아보기 위한 것입니다. 각 문항의 내용이 자신과 똑같거나 거의 같으면 ○를, 매우 다르거나 상당히 다르면 ×를 오른쪽에 표시합니다.

번호	항목	A	B	C
1	나는 중요한 의사결정을 할 때 한 단계 한 단계 체계적으로 한다.			
2	나는 자신의 욕구에 따라 매우 독특하게 의사결정을 한다.			
3	나는 얻을 수 있는 모든 정보를 수집하지 않고는 중요한 의사결정은 거의 하지 않는다.			
4	나는 의사결정을 할 때 내 친구들이 나의 결정을 어떻게 생각할 것인가를 매우 중요시한다.			
5	의사결정을 할 때 이 의사결정과 관련된 결과까지 고려한다.			
6	나는 다른 사람의 도움 없이는 중요한 의사결정을 하기 힘들다.			
7	나는 어려운 문제에 부딪치면 재빨리 결정을 내린다.			
8	나는 의사결정을 할 때 나의 즉각적인 느낌이나 감정을 따른다.			
9	나는 내가 하고 싶은 것보다 다른 사람이 어떻게 생각하느냐에 영향을 받아 의사결정을 한다.			
10	나는 어떤 의사결정을 할 때 시간을 갖고 주의 깊게 생각해 본다.			
11	나는 문제의 본질에 대해 찰나적으로 떠오르는 생각에 의해 결정을 한다.			
12	나는 친한 친구에게 먼저 이야기하지 않고는 의사결정을 거의 하지 않는다.			
13	나는 중대한 의사결정 문제가 예상될 때 그것을 계획하고 생각할 시간을 충분히 갖는다.			
14	나는 의사결정을 못한 채 뒤로 미루는 경우가 많다.			
15	나는 의사결정을 하기 전에 올바른 사실을 알고 있는지 확인하기 위해 관련된 정보들을 다시 살펴본다.			
16	나는 의사결정에 관해 실제로 생각하지는 않지만 갑자기 생각이 떠오르면서 무엇을 해야 할지를 알게 된다.			

17	나는 어떤 중요한 일을 하기 전에 신중하게 계획을 세운다.			
18	나는 의사결정을 할 때 다른 사람의 많은 격려와 지지를 필요로 한다.			
19	나는 의사결정을 할 때 마음이 가장 끌리는 쪽으로 결정을 한다.			
20	나의 인기를 떨어뜨릴 의사결정은 별로 하고 싶지 않다.			
21	나는 의사결정을 할 때 예감 또는 육감을 중요시한다.			
22	나는 조급하게 결정을 내리지 않는데, 그 이유는 올바른 의사결정임을 확신하고 싶기 때문이다.			
23	어떤 의사결정이 감정적으로 나에게 만족스러우면 나는 그 결정을 올바른 것으로 본다.			
24	나는 올바른 의사결정을 할 수 있는 능력에 자신이 없기 때문에 주로 다른 사람의 의견에 따른다.			
25	종종 내가 내린 각각의 의사결정을 일정한 목표를 향한 진보의 단계들로 본다.			
26	내가 내리는 의사결정을 친구들이 지지해 주지 않으면 그 결정에 대해 확신을 갖지 못한다.			
27	의사결정을 하기 전에 나는 그 결정을 함으로써 생기는 결과에 대해 가능한 한 많이 알고 싶다.			
28	나는 '이것이다'라는 느낌에 의해 결정을 내릴 때가 종종 있다.			
29	대개의 경우 나는 주위 사람들이 바라는 방향으로 의사결정을 한다.			
30	여러 가지 정보를 수집하거나 검토하는 과정을 갖기보다, 나에게 떠오르는 생각대로 결정을 내리는 경우가 자주 있다.			

• 모든 문항에 응답했다면 각 유형의 칸에 표시된 ○의 개수를 세어 다음 표에 입력합니다.

A: 합리적 유형	B: 직관적 유형	C: 의존적 유형

• 나의 의사결정 방식이 진로의사결정에 미친 영향에 대해 생각해 봅니다.

실습 2

진로의사결정 능력 기르기

- 당면한 진로문제를 생각하면서 각 단계의 과업 수행과 관련된 자신의 경험, 지식, 기술, 태도 등에 관해 간단하게 작성해 봅니다.
- 진로의사결정 능력을 증진하기 위한 단계별 보완 사항을 작성해 봅니다.

진로의사결정 단계		관련 경험/지식/기술/태도	보완 사항
1	문제 정의 (Define the problem)		
2	행동계획 수립 (Establish an action plan)		
3	가치 명료화 (Clarify values)		
4	대안 확인 (Identify alternatives)		
5	결과 예측 (Discover probable outcomes)		
6	체계적 대안 제거 (Eliminate alternatives systematically)		
7	행동 시작 (Start action)		

해결해야 할 문제 정의하기

- 진로의사결정에 대한 검토 결과를 토대로 자신이 지금 해결해야 할 진로문제가 무엇인지 구체적으로 생각해 봅니다.
- 해결해야 할 진로문제들은 순위를 정해 개인적 학습 목표로 전환할 수 있습니다.

대학생을 위한

진로탐구와

역량개발

제 2 부

진로학습의 원리와 협동학습 이해하기

제3장

진로학습의 원리

학습 내용

1. 학습경험과 과제접근기술
2. 대학생활의 과제와 진로구성

학습 내용

- 핵심 과제를 중심으로 진로학습 과정을 효과적으로 실행할 수 있다.
- 대학생활의 과제와 진로구성의 방법을 연결하며 실행할 수 있다.

1. 학습경험과 과제접근기술

1) 사회학습진로이론의 진로결정 요인

Krumboltz의 사회학습진로이론은 개인의 교육적 · 직업적 선호 및 기술이 어떻게 획득되고 교육 프로그램, 직업, 현장의 일들이 어떻게 선택되는가를 설명하기 위해 발달한 이론이다(김봉환, 2019). 행동에 대한 일반적인 사회학습이론을 기초로 개인의 성격과 행동은 그의 독특한 학습경험에 의해 가장 잘 설명될 수 있다고 가정하면서 진로의사결정에 영향을 미치는 다양한 환경적 요인의 상호작용에 대해 설명하였다. 사회학습진로이론은 진로선택의 과정에서 개인과 환경이 상호작용하는 과정(학습)에 초점을 두며, 개인이 환경과의 상호작용을 통해 무엇을 학습했는가에 강조점을 둔다(김봉환 외, 2018).

사회학습진로이론에서는 "사람들은 어떻게 해서 현재의 직업(진로)을 선택하게 되었을까?"라는 질문과 관련해서 네 가지의 요인으로 설명한다(김봉환 외, 2018). 개인의 진로선택과 관련된 영향을 이해할 수 있는 사회학습진로이론의 네 가지 진로결정 요인은 '유전적 요인과 특별한 능력(genetic endowments & special abilities)' '환경적 조건과 사건(environmental conditions & events)' '학습경험(learning experiences)' '과제접근기술(task approach skills)'로 분류된다(Mitchell & Krumboltz, 1990). 여기서 '유전적 요인과 특별한 능력' '환경적 조건과 사건'은 환경적 요인으로 개인의 통제 밖에 있어 개입을 통해 변화시키는 것이 불가능하다. 반면, '학습경험'과 '과제접근기술'은 심리적 요인으로 개인의 생각, 감정, 행동을 결정하게 하는데 진로상담이나 교육을 통해서 이러한 요인들의 영향을 이해하고 변화시킬 수 있다. 네 가지 진로결정 요인의 특징은 다음과 같다(김봉환, 2019; 김봉환 외, 2018; 임은미 외, 2017; 정철영, 서우석, 2023).

(1) 유전적 요인과 특별한 능력

개인이 선천적으로 물려받거나 타고난 특질들은 개인의 행동과 진로선택에 영향을 미친다는 것이다. 개인의 교육적 · 직업적 선호나 기술에 제한을 줄 수 있는 자질에는 인종, 성별, 지능, 재능 신체적인 특징 등이 포함된다.

(2) 환경적 조건과 사건

환경에서의 특정한 사건이 기술의 개발, 활동, 진로 선호 등에 영향을 미친다는 것이다. 우리는 삶에서 다양한 상황을 만나면서 새로운 경험을 하고 그 경험을 통해서 지식, 정서, 믿음, 홍미 등을 형성해 간다. 사회학습진로이론에서 말하는 환경적 조건이란 내가 태어난 가정과 가족, 학교, 학교에서 만난 친구와 교사뿐만 아니라 내가 직접 경험한 그 밖의 다양한 활동 상황과 사람을 포함한다. 그리고 간접적 영향으로서 지역사회, 국가 정책, 세계 경제와 국제관계, 자연환경, 기술 변화, 교육체제, 법 등 광범위한 상황을 모두 포함하는 개념이다. 최근에는 코로나19로 인해 여러 가지 사회적 변화가 더욱 가속화되면서 거시적 환경이 개인의 진로에 미치는 영향력이 그만큼 커진 상황이기도 하다. 그런데 이러한 상황이 모두에게 동일한 영향을 미치는 것은 아니다. 상황을 어떻게 살아 내느냐에 따라 개인의 진로는 달라질 수 있다.

(3) 학습경험

Krumboltz가 강조하는 '학습경험'이란 학교에서 배우게 되는 지식적 측면에서의 학습만을 의미하는 것이 아니다. 다양한 삶의 장면을 통해 배우고 형성하게 되는 믿음, 정서, 관심과 홍미 등을 포함하는 넓은 의미이다. 사람들은 활동, 책, 사람과의 관계, 성공, 뜻밖의 사건 등 다양한 경험을 통해 이럴 때는 이렇게 하는 지식뿐 아니라, 이럴 것이라는 믿음도 형성하고, 어떤 정서를 느끼는 것도 배우게 되며, 어떤 것을 좋아하거나 좋아하지 않는 태도도 갖게 된다. 이렇듯 살아가면서 배우게 되는 모든 산물이 학습경험이라는 말로 표현된다. 사람들은 과거 경험을 통해 배운 것을 토대로 행동하게 되는데, 진로결정이라는 행동도 예외가 아니다. 예를 들어, 어떤 행동 또는 활동과 관련해서 긍정적인 경험을 하게 되면 그 행동과 활동을 더 좋아하는 경향이 생기게 되고, 반대로 부정적인 경험을 하게 되면 좋아하지 않는 경향이 생길 수 있다. 이러한 다양한 경험이 개인에게 학습경험으로 작용하여 진로결정에도 영향을 줄 수 있다.

(4) 과제접근기술

사회학습진로이론에서 '과제접근기술'이란 개인이 어떤 과제를 성취하기 위해 동원하는 기술 혹은 개인이 살아가면서 다양한 상황에서 당면한 문제들을 다루는 기술로 설명된다. 과제접근기술은 개인에 따라 다르며, 진로의사결정의 요인이자 동시에 결과에도 포함되는 것으로, 타고난 능력, 환경적 조건, 학습경험이 상호작용한 결과로 습득된다. 과제접근기술에는 문제해결기술, 업무 습관, 정보수집능력, 인지적 과정, 정서적 반응 등이 포함되는데, 목표를 정하는 것, 자신에게 중요한 것이 무엇인가를 명료화하는 것, 대안을 찾아보는 것, 직업정보를 찾아보는 것, 미래 일어날 일을 예견해 보는 것 등이 이에 해당한다. 그 밖에도 입사지원서 작성 기술, 인터뷰 스킬, 프레젠테이션 능력 등과 같은 구직기술도 입직을 위한 실제적 능력으로서 과제접근기술에 포함될 수 있다.

지금까지 살펴본 Krumboltz의 네 가지 진로결정 요인 중에서 특히 개입을 통해 변화가 가능한 '학습경험'과 '과제접근기술' 요인에 대해 올바르게 배워 실천해 보는 것은 대학 진로교육의 측면에서 효과적인 접근이라 할 수 있다. 대학 시기는 사회 진출을 앞둔 시점이므로 직무, 기업, 업종과 관련된 의사결정과 그 과정에서 필요한 진로문제 해결능력은 대학 진로교육의 중요한 과업이자 결과로서 중요성을 가진다. 따라서 학습경험과 과제접근기술이라는 두 가지 진로결정 요인을 대학생 진로학습의 핵심 과제로 설정해서 진로학습을 수행하는 것은 새롭게 도전한 '학습경험'의 결과로서 진로목표를 구체화하는 동시에 진로문제를 해결해 가는 데 필요한 '과제접근기술'의 습득과 체화, 즉 진로역량 증진에도 효과적일 것이다.

2) 대학생의 진로학습 프로세스

다음은 정철영과 서우석(2023)이 사회학습진로이론과 관련해서 제시한 진로지도 및 상담에서의 시사점을 토대로 대학생이 수행해야 할 진로학습의 과정 및 과업에 관해 재구성한 내용이다. 대학생 진로학습의 과정 및 과업은 크게 세 프로세스로 나뉘어 분석, 실천, 재구성으로 설명될 수 있다.

(1) 분석

자신의 진로에 영향을 준 학습경험을 분석해야 한다. 이것은 단순히 자신이 좋아하고 잘하는 것이 무엇인지를 확인하는 것뿐만 아니라 어떤 경험의 영향으로 그러한 선호와 재능을 갖게 되었는지를 깊이 있게 탐구해 보는 의미이다. 그 과정에서 우리는 학습경험의 영향으로 형성된 자신의 직업적 성격을 더 잘 이해하게 되고, 직업선택의 근원적 동기도 만날 수 있다. 그리고 자신의 목표를 이루어 가기 위해 더 필요한 학습경험도 파악할 수 있다.

(2) 실천

새로운 흥미와 능력을 발달시키고 더 개발시키는 데 필요한 학습경험을 실천해야 한다. 예를 들면, 학교나 지역사회의 다양한 활동에 참여하며 일과 관계의 경험을 넓히고, 교육 프로그램 참여나 독서 등을 통해 지식과 지혜를 배울 수 있다. 그 과정에서 크든 작든 성취를 경험해 볼 수 있도록, 그리고 예상치 못한 어떤 긍정적 사건과도 조우할 수 있도록 스스로에게 기회를 주는 방식으로 학습경험을 만들어 갈 수 있어야 한다. 그 과정에서 강화, 롤모델, 역할극, 시뮬레이션 등을 적극적으로 활용하는 것은 도움이 될 것이다. 그리하여 환경적 요인과 학습경험의 상호작용이 만든 결과로서 자신의 과제접근기술을 더욱 증진하여 실제 당면한 진로문제 해결을 위해 유용하게 활용하는 행동을 계속 선택해 가야 할 것이다. 사회학습진로이론에서 진로상담의 목표는 하나의 진로의사결정을 하도록 돕는 것이 아니라 개인이 보다 만족스러운 진로와 인생을 살아가기 위해 행동하는 것을 배우도록 돕는 데에 있다(김봉환 외, 2018).

(3) 재구성

새로운 학습경험을 기반으로 자신에 대한 견해를 재구성해야 한다. Krumboltz는 인간은 유전적, 사회적으로 부여된 특성과 환경이 상호작용하여 자신에 대한 견해(self-views)를 형성하며, 이러한 자신에 대한 견해는 일과 관련된 개인의 행위에 영향을 미치게 된다고 하였다. 그러므로 자신에 대한 견해에 부정적인 영향을 미치는 비합리적 진로신념, 언행 불일치, 진로장벽 등은 학습의 과정에서 해체되고 극복되어야 한다. 자신과 진로에 대한 변화된 생각과 마음가짐은 '가능한 자기'에 대한 긍정적 기대를 높여 줄 것이고 새롭게 획득된 과제접근기술로서 진취적인 진로개발에 십분 활용될 것이다.

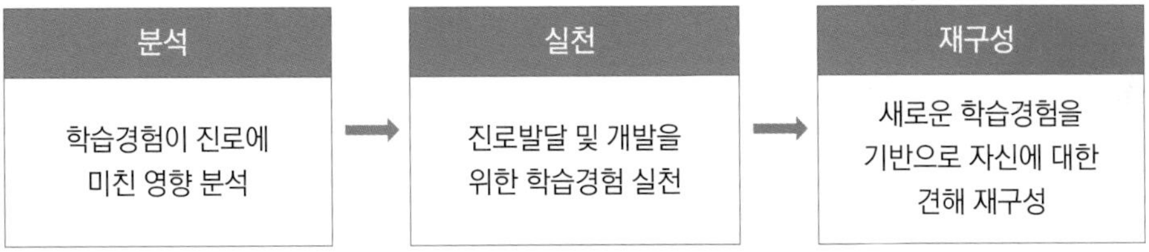

[그림 3-1] **대학생 진로학습의 과정 및 과업**

2. 대학생활의 과제와 진로구성

1) 대학생활의 과제

권석만(2010)은 대학 시기에 관심을 가져야 할 주제로서 학업, 인간관계, 자기계발, 인생설계의 네 가지 요소를 제시하면서 이를 대학생활의 4대 과제(the big four task of campus life)라고 지칭했다. 성공적인 대학생활을 위해서는 이러한 4대 과제를 균형적으로 추구하는 노력이 필요하다. 대학생활은 학업이 중심이 되어야 한다. 그리고 인간관계와 자기계발이 좌우의 양 날개 역할을 하면서 대학생활을 풍요롭게 할 것이다. 이러한 토대 위에 그려질 인생설계는 대학생활을 비롯한 인생 전체의 나아갈 방향을 제시하

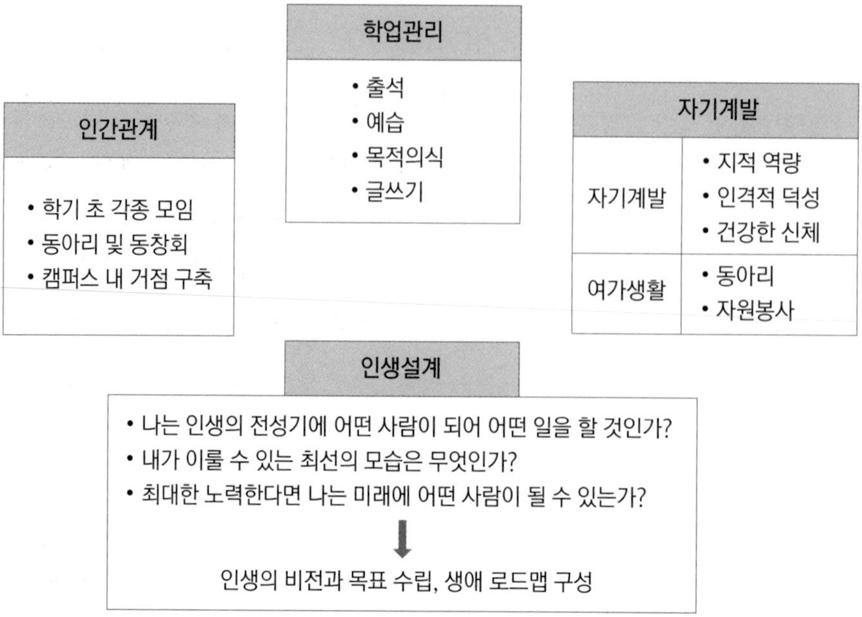

[그림 3-2] **대학생활의 4대 과제**

는 방향타의 역할을 하게 된다. 권석만(2010)을 참조하여 진로를 염두에 두고, 대학생활의 4대 과제를 살펴보면 다음과 같다.

(1) 학업관리

대학은 공부만 하는 곳은 아니다. 대학에서는 친구들과 휩쓸려 다니고, 동아리 활동에도 참여해 보고, 연애도 하고, 여행도 하면서 놀아야 한다. 이러한 경험이 모두 진정한 공부인지도 모른다. 다만 그 생활이 지나치게 중심이 되거나 오래 지속되는 것은 경계해야 할 필요가 있다. 대학생활의 다양한 경험은 Krumboltz가 말한 학습경험으로서 그 의미를 살려야 하지만 그렇다고 공부를 소홀히 해도 된다는 뜻은 아니다. 수업에 성실하게 출석하지 않고 학점을 중요하게 여기지 않으며 다른 활동에만 몰두하는 시간이 길어지면 여러 가지 가혹한 대가를 치를 수 있다. 학점이 부실한 학생은 졸업 후에 취업의 기회를 얻는 것도 어려워진다. 학점은 어떤 진로를 선택하든 평생 따라다니는 꼬리표이다. 일반적으로 낮은 학점은 무능함과 불성실의 징표로 받아들여지기 마련이어서 대학에서 공부를 등한히 하게 되면 진로선택의 폭은 현저하게 줄어들 수밖에 없다. 진로개발에 있어 학업관리는 기본이며 중요하다. 그러므로 대학에서의 공부는 중·고등학교 시절의 공부와는 다르다는 점을 잘 이해하고 효과적인 학습방법을 익히는 노력이 반드시 필요하다. 대학에서의 공부에 있어 도움이 되는 몇 가지 팁을 소개하면 다음과 같다.

첫째, 대학에서의 공부에 있어 가장 중요한 것은 출석이다. 자주 결석하면 당연히 좋은 학점을 받기 어려운데, 이것은 결석으로 인한 감점뿐 아니라 해당 수업의 중요한 내용을 배우지 못해 시험을 잘 치를 수 없기 때문이다. 특히 학기 첫 수업은 중요한 수업정보를 파악할 수 있다는 점뿐만 아니라 교수와의 첫인상 형성에도 영향이 있으므로 반드시 출석해야 한다. 대학생활에서 가장 우선시해야 하는 것은 수업시간에 필히 참석하는 것이다.

둘째, 대학에서의 공부는 예습이 중요하다. 대학 강의에서는 매우 방대하고 복잡한 학술적 내용들이 소개된다. 따라서 교재나 참고도서를 읽지 않고 강의에 참석하게 되면 강의 내용이 더 어렵게 느껴져서 흥미를 잃게 되고 결석이 잦아지게 된다. 그리고 그 결과로 전공이 자신의 적성에 맞지 않는다고 생각할 수도 있는데, 학습 습관의 문제와 적성의 문제를 혼동하지 않고 잘 분별해야 한다. 예습하는 방법은 여러 가지가 있다. 종강을 하면 미리 세워 둔 수강 계획에 따라 다음 학기 전공 교재를 부담 없이 대략 읽어 보는 것도 도움이 된다. 학기가 시작되어 다시 읽게 되면 읽기가 훨씬 수월해지고 과목에 대한 흥미도 높아질 수밖에 없다.

셋째, 수강 과목을 신중하게 선택해서 목적의식을 갖고 공부해야 한다. 자신이 왜 이 과목을 수강하고자 하는지, 이 과목을 통해서 무엇을 배우고 싶은지를 분명하게 인식하고 수강을 결정하는 것은 학습 동기와 학업 성취에 긍정적인 영향을 미친다. 특히 최근 채용시장에서는 수강 이력이 진로동기와 직무능력의 근거로서 중요해졌다. 전공 진로에 대한 이해 확장과 구체화 과정, 이 두 가지 과정에서 수강 계획은 모두 중요한 도움을 제공한다. 진로목표가 명확해진 경우라면 학년이 올라감과 함께 직무능력 증빙으로서의 전략적인 수강 계획도 필요하다. 다시 말해, 평가자 관점에서의 성적표를 염두에 두고 과목을 수강하는 것도 선택해 볼 수 있다.

넷째, 대학 학습에 요구되는 글쓰기 능력을 길러야 한다. 대학의 평가방법으로는 시험과 더불어 리포트 쓰기가 가장 주된 평가방법인데, 리포트는 형식적 측면을 잘 고려해서 서술해야 한다. 따라서 대학에 입학한 후에는 대학 학습에서 요구되는 글쓰기 능력의 중요성을 인식하여 지체하지 않고 배양의 노력을 기울여야 한다. 글쓰기 관련 서적을 읽어 보는 것도 도움이 되며, 교수-학습센터의 대학 글쓰기 프로그램에 참여해 보는 것도 추천된다. 형식을 갖추어 글을 잘 쓸 수 있는 능력은 단지 학습뿐만 아니라 다양한 도전의 기회와 취업의 관문을 여는 구체적인 과제접근기술로서도 중요성이 크다.

대학생활은 아무도 간섭하지 않으므로 스스로 생활을 잘 관리하면서 자율적으로 공부하는 습관을 들이는 것이 중요하다. 그리고 친구, 교수, 선배 등 대학에서 형성한 다양한 인간관계로부터 지식과 정보, 지지와 도움을 얻으며 더불어 공부하는 노력도 필요하다. 자신이 선순환의 학습을 경험할 수 있도록 스스로 학습의 과정과 구조를 세워 가는 자기주도학습의 습관은 결국 진로개발역량과 연결되며 긍정적인 영향을 미치게 된다.

(2) 인간관계

인간관계의 측면에서도 대학 시기는 매우 중요하다. 대학 시기는 인간관계의 욕구를 발산하며 학과 친구나 선후배 등 다양한 관계를 형성하는 시기이며, 동아리나 동문회 등과 같이 다양한 인간관계의 장이 열려 있는 시기이다. 즉, 대학은 대학생 누구에게나 열린 인간관계 실험실이라 할 수 있다. 대학 시기의 다양한 인간관계 경험은 졸업 후 사회에 진출하여 성공적으로 활동하는 밑거름이 된다. 대학에서의 인간관계 형성에 도움이 되는 몇 가지 팁을 소개하면 다음과 같다.

첫째, 학기 초에 열리는 각종 모임은 교우관계를 자연스럽게 형성할 수 있는 가장 좋은 기회이므로 적극적으로 참석해야 한다. 학과에서 열리는 신입생 오리엔테이션, 새터 모임, MT, 환영회, 학과 총회 등 다양한 모임을 활용하여 학과 내 인간관계를 잘 시작하는 것이 매우 중요하다.

둘째, 동아리나 동창회와 같은 모임도 적극적으로 찾아가며 참석할 필요가 있다. 대학에서의 교우관계는 동기나 동갑뿐만 아니라 선후배를 포함한 다양한 지인과의 관계를 형성할 수 있어야 한다. 학과 동아리뿐만 아니라 학과 밖 동아리 참여도 다양한 전공의 사람들과 교분을 쌓으며 안목을 확장하는 기회가 된다.

셋째, 대학 캠퍼스에 교우관계의 거점을 마련하는 것도 필요하다. 예를 들면, 과방이나 동아리방이 그런 곳이다. 대학생활의 베이스캠프를 마련하게 되면 자연스럽게 교우관계를 확대해 갈 수 있고 다양한 소식과 정보도 전해 들을 수 있다.

대학은 학생 스스로 인간관계를 위해 적극적으로 노력하지 않으면 고립감을 느끼기 쉽고 대학생활이 위축될 수도 있다. 인간관계 형성의 어려움은 대학생활 부적응과 함께 진로 변경이나 학교 이동 등의 결정적 원인이 되기도 한다. 그래서 수업을 같이 듣고 식사를 함께하며 공강 시간을 같이 보낼 수 있는 친구를 확보하는 것은 대학생활에 있어서 매우 중요하다. 인간관계 형성은 저절로 이루어지지 않는다. 대학에서 친구를 사귀고 다양한 인간관계를 형성하기 위해서는 그만큼의 다양한 노력을 기울여야 한다는 것을 유념하고 의식적 · 의도적 노력 행동을 실천해야만 한다. 인간관계 형성 및 유지 능력도 진로역량과 연결되어 긍정적인 영향을 미친다.

(3) 자기계발과 여가활동

대학생활의 가장 큰 특징은 자유이다. 대학생활에서는 자유로운 시간이 많은데, 이러한 자유시간을 어떻게 보내느냐에 따라 대학생활의 모습이 크게 달라진다. 대학생은 자유시간을 활용하여 자신의 다양한 역량을 개발하고, 즐겁게 유익한 여가활동으로 자신의 시간을 충실하게 채워 가는 노력이 필요하다.

자기계발은 행복하고 성공적인 삶을 위해 필요한 다양한 역량을 함양하는 자기성장의 노력을 뜻한다(권석만, 2010). 지적인 역량뿐만 아니라 인격적 덕성을 함양하고 건강한 육체를 가꾸는 일체의 노력을 포함한다. 대학의 수업은 지식과 역량 중 극히 일부분만을 가르치므로, 대학생활에서는 수업에서 배우지 못하는 다양한 삶의 기술을 습득하기 위한 자기계발의 노력이 필요하다. 예를 들어, 대인관계 기술, 효과적인 대화법, 발표와 프레젠테이션 기법, 스트레스 대처법, 시간 관리 방법 등은 자기계발을 통해 배울 수 있는 삶의 기술들이다. 대부분 대학에서는 비교과교육을 통해 관련 프로그램들을 다양하게 제공하고 있는데, 대부분 무료이고, 접근성이 좋으며, 참여에 따른 마일리지 혜택도 받을 수 있으므로 교내 프로그램을 잘 활용하는 것이 추천된다.

대학생의 여가활동으로는 스포츠와 건강 활동, 취미와 교양 활동, 관람 및 감상 활동, 사교 활동, 여행 및 관광 활동, 놀이 및 오락 활동 등이 있다(권석만, 2010). 이러한 여가활동들은 개인적으로도 할 수 있으나 커뮤니티를 기반으로 참여하게 되면 여러 가지 이점이 더 뒤따른다. 첫째, 동아리를 기반으로 참여해 볼 수 있다. 동아리 활동은 다른 학우들과 공통의 취미나 관심사를 공유할 뿐만 아니라 교우관계를 확대하는 좋은 기회도 되고, 동아리 활동의 방법과 수준에 따라서는 경력개발에도 큰 도움이 될 수 있다. 예를 들면, 프로그램 개발 동아리 친구들과 함께 공모전에 도전하는 경우가 이에 해당한다. 둘째, 대학생이 반드시 참여해야 하는 여가활동으로 자원봉사도 있다. 자원봉사는 도움이 필요한 사람에게 자발적으로 대가 없이 도움을 주는 활동인데, 봉사활동은 도움을 받는 사람을 위한 일이지만 실제로 도움을 준 봉사자 자신에게도 큰 보람과 행복감을 느끼게 해 준다. 대학생은 동아리나 교내외 프로그램을 기반으로 자원봉사 활동에 참여해 보면 더 좋다. 대학생의 자원봉사 참여는 때로는 진로개발에 활용할 유용한 경험이 되어 주기도 한다. 특정 전공의 경우에는 일 경험의 대체재가 되어 주기도 하고, 다양한 전공의 지식을 활용한 창의적인 자원봉사 프로젝트도 가능하다. 동아리도 자원봉사도 활동의 의미를 잘 이해하고 창의적인 방법을 적용하게 되면 보람된 여가활동이자 유익한 자기계발 활동으로 의미가 더 커질 수 있다.

(4) 인생설계와 진로준비

대학생활의 중요한 과제는 인생의 비전과 목표를 마련하는 것, 즉 내 인생의 청사진을 그리는 일이다. 이는 앞으로 살아가야 할 인생길의 방향을 탐색하여 정립하는 일인데 대학 시기는 인생의 다양한 가능성을 탐색하며 자신의 인생을 설계할 수 있는 최적의 시기이다.

'나는 인생의 전성기에 어떤 사람이 되어 어떤 일을 할 것인가?' '내가 이룰 수 있는 최선의 모습은 무엇인가?' '최대한 노력한다면 나는 미래에 어떤 사람이 될 수 있는가?' 인생 비전은 자신의 인생에서 이루기를 간절히 열망하는 미래의 모습이다(권석만, 2010). 물론 전혀 현실성이 없는 허황한 꿈을 의미하지 않는다. 반드시 거창한 것이 아니어도 된다. 자신이 충분히 만족할 수 있는 그런 모습이면 된다. 다만 자신의 능력을 과소평가할 필요는 없다. 스스로 최선을 다해 보지 않고서는 자신의 능력을 알 수 없기 때문이다. 간절히 소망하는 것이라면 20대부터 추구하여 실현되지 못할 것이 없다고 생각해야 한다. 시도조차 해 보지 않고 포기하는 것보다는 설혹 이루지 못하더라도 패기 있게 도전해 보는 것이 값지다.

인생의 뚜렷한 비전과 목표를 지닌 사람은 하루하루를 열정적으로 살아간다. 인생의 목표를 이루기 위해 올해에, 이번 달에, 그리고 오늘 무엇을 해야 할지가 분명하기 때문이다. 그런 사람이라면 대학생활을 하면서 무엇을 추구해야 하는지, 이번 학기에 어떤 과목을 수강해야 하는지, 방학 중에 어떤 체험을 쌓아야 하는지, 어떤 동아리에서 어떤 사람들과 어울려야 하는지가 좀 더 분명해진다. 인생의 비전을 실현하기 위해서는 중기적 목표 또는 단기적 목표가 필요한데, 그 목표를 이루어 가는 단계와 과업을 구체적으로 담고 있는 실행 계획안이 생애 로드맵이다. 대학 시기에 이러한 생애 로드맵을 구성해 봄으로써 체계적인 진로준비와 인생의 비전을 이루는 길잡이로 활용할 필요가 있다.

2) 대학생의 진로구성

진로(career)란 인간이 일생을 통하여 수행하는 일을 총칭하는 단어이고, 그것은 삶의 중핵이며 인간이 자신이 지니고 있는 목표를 이루는 길이다(Hoyt, 1974; 김봉환, 2019 재인용). 이러한 의미를 확장해 보면, 진로는 인간이 일생에 걸쳐 자신이 해야 할 일을 개인 또는 개인이 속한 사회나 조직과 함께하는 지속적이고 체계적인 참여 활동을 의미한다. 따라서 진로개발의 목적은 사회 가치관의 변화에 맞게 삶의 질을 향상하면서 자신이 속한 조직의 생산성을 높이는 데 둘 수 있다. 즉, 개인이 추구하는 삶의 만족과 사회가 추구하는 목적을 동시에 실현하는 것이 진로개발의 가장 이상적인 방향성이라 할 수 있다. 여기서 알아차릴 중요한 사실은 개인이 진로개발을 가장 올바르게 수행하는 방법이자 그 과정에서 추구해야 할 가치 또한 그 방향성 속에 있다는 것이다. 그것은 개인이 자기 삶의 주인으로서 가져야 할 주도성, 그리고 우리의 삶을 함께 구성해 가는 사회 구성원으로서의 협력성이다. '스스로'와 '더불어'로 상징되는 이 두 가지 가치는 대학생의 진로구성과 진로학습 방법을 이해하기 쉬운 말로 명확하게 설명하고 있다.

첫째, 대학생 진로학습에서는 '주도성'이 중요하게 다루어져야 한다. 진로개발의 측면에서 대학 시기는 자신이 어떤 사람인지 자아정체감을 확립하고, 자기 자신을 긍정적으로 느낄 수 있는 자아존중감도 높이며, 자신의 특성을 파악해 자기가 가장 잘할 수 있는 재능을 찾는 시기이다. 적성과 소질에 맞는 직업을 선택하고, 그 직업에 필요한 능력을 개발해 취업을 준비하는 시기로, 직업적 진로의 결정과 함께 구체적인 삶의 방향과 목표가 결정되는 인생의 중요한 전환기에 해당한다. 그런데 대학 시기에 진정한 자기를 발견하고 계획하기 위해서는 과거의 나, 현재의 나, 미래의 나로의 연결을 필요로 한다. 이러한 연결은 지나온 삶에 대한 반성만이 아니라 '지금 여기'에서의 실제적이고 현실적인 생애 계획을 어떻게 설계하고 준비할 것인가에 대한, 다시 말해 자기 삶에 대한 문제의식과 활동 경험이 요구된다. 자기에 대해 정확하게 아는 것, 즉 자기에 대한 탐색은 단순히 검사나 이론적 탐색을 통해 홀로 이룰 수 있는 작업이 아니다. 청년기의 자기이해는 수업, 동아리 및 기타 활동에의 참여를 통한 주도적 자기인식을 요구한다. 다양한 경험 안에서 자신의 가능성과 한계를 알아가는 구체적인 탐색은 자기이해의 필수적 조건이자 방법이며, 이러한 주도적 과정을 통한 자기이해는 삶의 목표를 깨닫게 해 주고 인생을 보다 의미 있게 설계할 수 있게 한다(이숙정, 김해란, 2012).

둘째, 대학생 진로학습에서는 '협력성'이 중요하게 다루어져야 한다. 진로개발이란 자신의 정체성과 재능을 확인하면서 취업에 요구되는 역량도 쌓는 과정인데, 이 과정에서 인간관계를 적극적으로 활용하는 것은 여러 가지 측면에서 유리하다. 진로탐구와 취업준비를 목적으로 한 스터디 팀을 구축해서 스스로, 더불어 진로과업을 수행하는 것은 매우 바람직하고 권장할 만하다. 대학생의 진로개발에는 대부분 취업준비가 포함되어 있으므로 서로 함께 북돋우며 진로를 구성해 가는 것은 도움이 된다. 개개인이 가진 정보와 능력을 연결하는 것만으로도 의미 있는 집단지성의 힘을 경험할 수 있다. 취업이나 역량개발에 필요한 실질적인 도움은 물론이며, 협동하고 조력하는 과정에서 팀워크나 대인관계능력 등의 관계적 역량도 더 개발할 수 있다. 게다가 그 과정에서 구축된 인간 관계는 대학 시기의 진로는 물론 향후의 경력개발 과정에서도 기회로 작용할 수 있다.

이처럼 대학생의 진로구성(進路構成, career construction)은 주도성(스스로)과 협력성(더불어)을 방법으로써 활용하고 기르면서 이루어진다. 이는 진로역량으로 수렴되는데, 이러한 진로역량은 전공 몰입과 학생 참여 등의 대학생활 특성 변인에 의해서도 긍정적인 영향을 받는다고 알려져 있다. 즉, 우리가 의미 있는 진로성공을 이루며 살아가는 데 필요한 진로역량은 대학생활의 경험을 기반으로 길러진다는 것이다. 그러니 대학의 교과과정뿐만 아니라 대학생활의 과제를 중심으로 대학생활 전반의 다양한 경험에 적극적으로 참여해야 하고, 특히 지역사회 연계 등을 기반으로 실제 직업세계를 체험해 볼 수 있어야 한다. 국가, 지역사회, 대학이 제공하는 정책적 지원제도와 프로그램을 활용하는 것은 여러 측면에서 실용적인 진로구성의 기회가 된다.

대표적으로 2020년부터 교육부 재정지원사업으로서 시행되고 있는 대학 진로탐색학점제를 들 수 있다. 대학 진로탐색학점제는 학기 동안 대학생이 자기주도적 진로활동을 설계 · 수행하고, 이를 평가하여 학점을 인정하는 제도(교육부, 2021)로, 정규 수업을 기반으로 도전적인 경험들을 시도해 볼 수 있는 대학생 진로구성의 효율적 플랫폼으로 추천된다. 특히 전공에서 배운 지식과 기술을 활용해서 사회기여 실천적 프로젝트를 수행해 보는 경험은 전공의 사회적 의미를 이해하면서 진로의 자기실현적 의미를 배우는 계기가 된다. 그리하여 결과적으로 프로젝트 참여경험은 관련 분야 취업 성공의 디딤돌로 전환된다. 그것은 참여함 그 자체가 하나의 스펙으로 작용한 결과이기도 하겠지만, 그보다는 팀과 함께한 수행과정에서 더 길러진 진로역량에 힘입은 결과로 볼 수 있다. 대학생의 진로구성은 이처럼 대학생활의 시공간에서 주도성과 협력성으로 이루어내는 행동과정일 때 대학생 자신에게 가장 도움이 된다. 그래야 결과적으로 성취도 역량도 얻을 수 있다. 그 밖에도 대학 교과과정을 기반으로 한 대표적인 체험형 진로교육 제도로는 현장실습과 캡스톤디자인을 들 수 있다. 이들 제도는 교과과정 이수와 진로준비를 동시에 할 수 있어 사회비용의 측면에서 효율적이고, 정부 재정지원을 기반으로 운영되고 있어 참여할 경우 학습경험의 기회와 함께 다양한 방식의 지원과 혜택이 뒤따르므로 대학생의 진로준비를 지원하는 실질적인 프로그램으로 평가된다. 대학 교과과정 기반 체험형 진로교육 제도들을 비교해 보고 자신의 전공, 목표 직무, 상황 등을 고려해서 적절하게 선택해 볼 수 있는데, 〈표 3-1〉의 내용을 참고할 수 있다.

Dewey(1938)도 먼 미래를 준비하는 일 대신에 현재의 삶이 가지고 있는 기회를 활용하는 일이 중요하다고 말했다. 일반적으로 진로는 미래를 준비하는 일로 인식되지만 사실 미래를 준비하는 것은 진로구성의 단지 한 부분일 뿐이다. 우리는 현재 시점에서 삶을 영위하게 마련이며, 현재의 경험 각각으로부터 경험을 하는 그때마다 충분한 의미를 이끌어 냄으로써 미래에도 동일한 것을 하도록 준비된다. 대학생이 미래를 준비하는 가장 좋은 방법은 개방적이고 진취적인 모습으로 대학생활의 현재를 살아가는 것이다. 그것은 대학생 자신에게 미래의 성공과 적응을 미리 보여 주는 의미이다(강미영, 2019).

표 3-1 **대학 교과과정 기반 체험형 진로교육 제도**

구분	현장실습	캡스톤디자인	진로탐색학점제
의미	현장에서 이론적 지식이 적용되는 과정을 경험해 보도록 기회 제공		
유관사업	• 고용노동부 IPP형 일 · 학습병행 사업	• 교육부 산학협력선도대학 육성사업	• 교육부 대학 진로탐색학점제 지원사업
활동	• 실제 현장업무	• 모의 실무경험	• 진로체험
환경	• 실제 직업현장	• 현장과 유사한 환경과 업무과정	• 실제 생활
선행학습	• 직무에 대한 기본 이해	• 4년 동안 배운 전공 지식	• 학교에서 배운 전공 및 관심 분야에 대한 이론적 지식
대상	• 학부 4학기 이상	• 학부 4학년	• 학부 재학생
특장점	• 기업에서 효과적인 배치를 위해 채용 예정 인력에게 실습 시간을 주어 개인의 적성 특성을 미리 파악하는 제도	• 졸업 논문 대신 작품기획 · 설계 · 제작 전 과정을 경험하게 하는 교육과정 • 실제 현장과 유사하게 진행하는 교육방식의 수업	• 자발적 선택과 참여 및 졸업에 필요한 학점 취득 • 다양한 제도를 선택할 수 있는 권한을 학생에게 부여하고 지원하는 방안 • 더 큰 프레임에서 유사사례를 포괄하는 시스템 • 현장실습/캡스톤디자인의 유용한 대체제
참여경험	• 현장의 다양한 상황에 대응하며 인지적 · 정서적 진로성숙 경험 • 자신에게 적합한 직업탐색 및 선택한 직업에 대한 정보 획득	• 전공에서 배운 내용을 연구나 숙련 등을 통해 비판적이고 종합적으로 활용 및 응용	• 자신의 적성, 흥미, 능력에 대한 이해 • 향후 진로, 직업, 직무에 대한 직간접적 이해 • 학교에서 배운 이론을 실제 생활에서 경험
목적	• 직무능력 개발	• 창의적 인재 육성 • 연구 및 직업 활동 등의 진로에 도움	• 진로적응성 향상 • 진로와 생애의 구체적 설계 및 준비

실습 1

진로구성 브레인스토밍

- 대학, 지역, 국가 차원의 학생지원 제도 및 프로그램에 대해 알아봅니다.
- 참여 아이디어를 작성해 봅니다. 기준, 자격, 상황 등 현실적인 가능성은 고려하지 않습니다.

▶ 스스로 대학생활의 즐거움을 만들면서 더불어 진로를 구성해 가는 방법에 대해 생각해 봅니다.

행복지향		
예술 및 다문화적 체험	심신 수양	관심 분야 집중탐구
학생지원 제도 및 프로그램		
참여 아이디어		

▶ 스스로 대학에서 배운 지식, 기술을 활용하여 사회 기여의 기회를 만들면서 더불어 진로를 구성해 가는 방법에 대해 생각해 봅니다.

참여지향		
지역 및 사회 문제해결	교육 프로그램 개발	사회봉사
학생지원 제도 및 프로그램		
참여 아이디어		

▶ 스스로 전공능력과 직무역량을 강화할 도전의 기회를 만들면서 더불어 진로를 구성해 가는 방법에 대해 생각해 봅니다.

도전지향		
전공 심화과제 및 산학협력 프로젝트	공연 및 창작물 제작 · 발표	발명 · 특허출원 · 창업 시뮬레이션
학생지원 제도 및 프로그램		
참여 아이디어		

실습 2

나의 과제접근기술 분석

- 자신의 당면 진로과제를 한 문장으로 작성합니다.

나의 진로과제

- 당면 진로과제를 성취하는 데 필요한 과제접근기술을 채택해서 표시합니다. 제시된 것 외에 더 필요한 과제접근기술이 있다면 빈칸에 입력합니다.
- 채택된 각 과제접근기술의 활용성을 하나씩 평정해 봅니다(최소 10개 이상).

	과제접근기술	채택 여부	매우 미흡 ↔ 보통 ↔ 매우 우수						
1	문제해결기술		①	②	③	④	⑤	⑥	⑦
2	업무 습관		①	②	③	④	⑤	⑥	⑦
3	학습 전략		①	②	③	④	⑤	⑥	⑦
4	목표설정		①	②	③	④	⑤	⑥	⑦
5	계획 수립		①	②	③	④	⑤	⑥	⑦
6	가치명료화		①	②	③	④	⑤	⑥	⑦
7	대안 만들기		①	②	③	④	⑤	⑥	⑦
8	성공 예측		①	②	③	④	⑤	⑥	⑦
9	정보수집능력		①	②	③	④	⑤	⑥	⑦
10	스트레스 관리		①	②	③	④	⑤	⑥	⑦
11	프레젠테이션 기술		①	②	③	④	⑤	⑥	⑦
12	지원서 작성 기술		①	②	③	④	⑤	⑥	⑦
13	인터뷰 기술		①	②	③	④	⑤	⑥	⑦
14			①	②	③	④	⑤	⑥	⑦
15			①	②	③	④	⑤	⑥	⑦
16			①	②	③	④	⑤	⑥	⑦
17			①	②	③	④	⑤	⑥	⑦
18			①	②	③	④	⑤	⑥	⑦

• 평정 결과를 토대로 자신의 세 가지 강점 기술과 강화 전략을 작성해 봅니다.

	강점 기술	강화 전략
1		
2		
3		

• 평정 결과를 토대로 자신의 세 가지 약점 기술과 보완 전략을 작성해 봅니다.

	약점 기술	보완 전략
1		
2		
3		

진로는 정말 만들 수 있는 것인가

- 자신이 과거에 진로에 대해 갖고 있던 기존 생각들을 돌아봅니다.
- 새롭게 알게 된 '진로구성'의 의미와 방법에 대해 어떻게 생각하는지, 현재 자신의 인식에 대해 솔직하게 작성해 봅니다.

제4장

스스로 더불어 나아가는 진로

학습 내용

1. PBL과 협동학습 이해
2. 진로정보의 탐색과 활용

학습 내용

- PBL에 대한 이해를 기반으로 협동학습을 시작할 수 있다.
- 다양한 채널을 통해 진로정보를 탐색할 수 있다.

1. PBL과 협동학습 이해

1) 프로젝트 중심 학습

프로젝트 중심 학습(Project-Based Learning: PBL)은 문제 중심 학습(Problem-Based Learning)에서 파생된 교수-학습 방법이다. 문제 중심 학습이란 문제를 활용하여 학습자 중심으로 학습을 진행하는 교수-학습 방법이다(Barrows & Myers, 1993; 최정임, 장경원, 2010 재인용). 따라서 프로젝트 중심 학습은 프로젝트를 활용한 학습자 중심 교수-학습법으로 설명될 수 있다. 프로젝트 중심 학습에서도 문제는 제시된다. Barrows와 Myers(1993)에 따르면, 문제 중심 학습에서 문제는 학습해야 하는 내용을 모두 포괄하는 광범위한 문제가 되며, 여러 개의 개념과 원리가 복합적으로 작용하는 복잡한 문제이다. 따라서 하나의 해결책이 존재하기보다는 다양한 해결책이 존재한다. 학습자 스스로 문제에 대한 답을 찾아야 하고 학습의 주체는 학습자가 된다.

문제 중심 학습이 관심의 대상이 된 것은 사실적 지식 전달에 초점을 두는 전통적인 방식으로는 21세기 사회의 요구를 충족할 수 없기 때문이다(강인애, 1997; 최정임, 장경원, 2010). 학습자가 대학 졸업 후에 직면하게 되는 여러 가지 사회적 요구에 부응하고, 상황에 대처하며, 문제를 해결해 나가기 위해서는 지식기반의 추론 기능과 자기주도적 학습 기능이 요구된다. 21세기 사회에서는 이러한 고차적 능력들의 중요성이 강조됨에 따라 문제 중심 학습과 같이 학습자가 지식 구성의 주체가 되는 구성주의적 패러다임이 주목받는 것이다. 문제 중심 학습은 문제로부터 학습이 시작되며, 학습자 중심의 학습환경에서, 그룹 활동을 중심으로 학습이 진행된다. 그리하여 자기주도적 학습을 통해 새로운 지식을 습득하며, 교수자의 역할은 지식 전달자에서 학습 진행자 또는 촉진자로 전환된다.

Barrows와 Myers(1993)에 따르면, 문제 중심 학습의 절차는 문제 제시, 문제 확인, 문제해결을 위한 자료수집, 문제 재확인 및 해결안 도출, 문제해결안 발표, 학습 결과 정리 및 평가 순으로 진행된다. 문제 중심 학습의 절차를 도식화하면 [그림 4-1]과 같다.

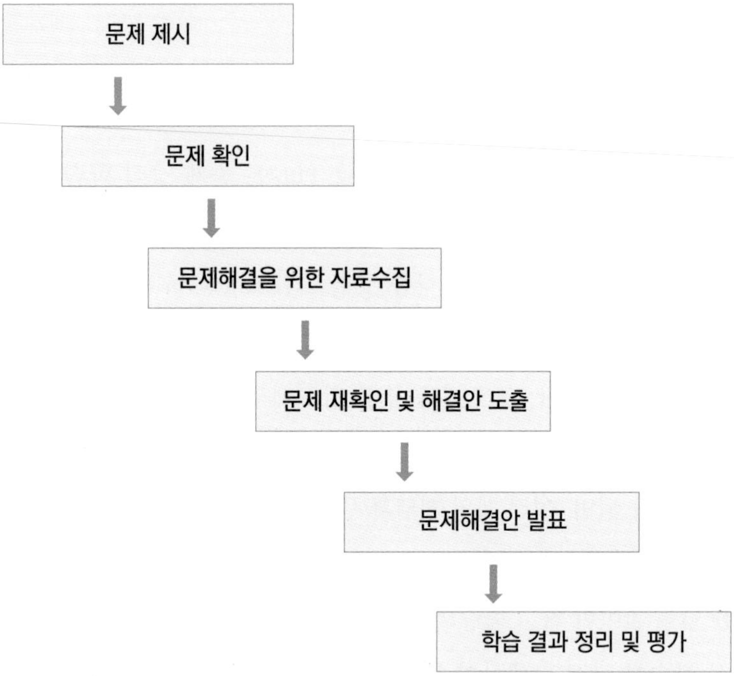

[그림 4-1] **문제 중심 학습의 절차**

2) 과제수행 계획서

문제 중심 학습의 절차에서는 두 번째 단계에 해당하는 '문제 확인' 단계가 특히 중요하다. 이 단계에서는 문제를 정확하게 정의한 후에 현재 상태와 학습 이후 상태의 차이를 분명하게 인식함으로써 학습 목표의 달성에 효과적인 학습계획을 세울 수 있다. 학습자들이 크게 생각, 사실, 학습과제, 실천계획의 네 단계를 거치면서 문제를 검토한다. 이를 프로젝트 중심 학습에 적용해서 설명하면 다음과 같다.

(1) 생각

'생각(ideas)' 단계에서는 프로젝트(문제)의 원인, 결과, 가능한 해결안에 대한 학습자의 가설이나 추측을 검토한다. 프로젝트(문제)에서 무엇을 요구하고 있으며, 학습자가 해결해야 할 프로젝트(문제)가 무엇인지, 그 결과물은 어떤 형태가 될 수 있는지 등 프로젝트(문제)를 이해하는 데 필요한 아이디어를 검토할 수 있다.

(2) 사실

'사실(facts)' 단계에서는 프로젝트(문제)에 제시된 사실과 학습자가 이미 알고 있는 문제해결과 관련된 사실을 확인한다. 프로젝트(문제)에 제시된 사실을 검토하는 것은 프로젝트(문제)를 명확히 이해하고 프로젝트(문제)에서 빠진 중요한 단서가 무엇인지 파악하는 데 도움이 된다. 학습자가 이미 알고 있는 사실을 검토하는 것은 프로젝트(문제)의 사실을 확인하기 위해서 어떤 추후 활동이 필요한지 결정하는 데도 도움이 된다.

(3) 학습과제

'학습과제(learning issues)' 단계에서는 프로젝트(문제)를 해결하기 위해 학습자가 알아야 할 필요가 있는 학습내용을 도출한다. 이것은 앞부분의 '사실' 확인 단계와 연결된다. 문제에서 제시된 사실이 확인되면 자연스럽게 문제해결을 위해 조사해야 할 과제가 도출되기 때문이다. 학습과제 도출은 PBL에서 가장 핵심적인 요소이다.

(4) 실천계획

'실천계획(action plans)' 단계에서는 문제를 해결하기 위해 학습자가 이후에 해야 할 일 또는 실천계획을 수립한다. 실천계획은 역할분담과 자료 검색 방법, 시간 계획 등을 포함할 수 있다. 역할분담에 따라 학습자는 개별 학습계획을 세우게 된다.

이와 같은 문제 확인 과정이 끝나면 팀 구성원들은 각각 개별 학습을 진행하게 된다. 문제 확인 단계에서 작성되는 과제수행 계획서는 [그림 4-2]와 같이 구성된다.

생각 (ideas)	사실 (facts)	학습과제 (learning issues)	실천계획 (action plan)
• 문제 이해(내용, 요구사항, 결과물 등) • 해결책에 대한 아이디어, 가설, 추측	• 문제에 제시된, 문제해결에 필요한 사실들 • 문제해결과 관련하여 학습자가 알고 있는 사실들	• 문제해결을 위해 알아야 할 학습 내용과 쟁점들	• 문제해결을 위한 이후의 행동계획 • 역할분담, 정보 및 자료 검색 방법, 시간계획 등

[그림 4-2] **과제수행 계획서**

2. 진로정보의 탐색과 활용

1) 진로정보

직업세계의 가변성과 불확실성이 점점 더 커지는 현 상황에서 개인이 보다 합리적인 진로의사결정을 하기 위한 전제 조건으로서 진로정보에 대한 능숙한 탐색과 활용이 중요해지고 있다. 정보의 수집 및 활용 능력이 진로선택이나 진로학습을 위한 수단적 위치에서 더 나아가 인재에게 요구되는 핵심역량으로 강조되는 것이다. 자신과 직업세계에 대한 정확한 이해를 위해서는 신뢰할 수 있고 충분한 진로정보가 꼭 필요하므로 다양한 정보를 탐색하고 필요한 정보를 선별하여 활용하는 능력을 쌓는 데 의식적인 노력을 기울여야 한다.

진로정보(career information)란 개인이 진로에서 어떤 선택이나 결정을 할 때 또는 직업적응이나 직업발달을 꾀할 때 필요로 하는 모든 자료를 총칭하며, 일과 관련된 교육적(educational) · 직업적(occupational) · 심리사회적(psychological) 정보를 의미한다(김충기, 김현옥, 1993; 김봉환 외, 2018). 이때 진로정보는 주로 직업과 관련된 사실들로 구성되며, 사람들이 직업세계에 관한 통찰과 이해를 얻도록 도와주는 기능을 지니고 있다. 기본적으로 인간은 자신이 모르는 것을 선택할 수 없기에 다양한 전문적인 지식과 진로정보, 원만한 사회적응에 필요한 정보를 정확하고 신속하게 받아들여야 합리적이고 객관적인 진로선택이 가능하다. 이런 의미에서 진로정보는 저마다의 타고난 능력과 적성에 알맞은 폭넓은 정보와 필요로 하는 요소를 제공함으로써 건전한 성장과 발달을 도모해 준다(김봉환 외, 2018).

진로정보는 인쇄물, 인터넷, TV나 박람회 등 다양한 매체, 면담, 견학 및 실습 등 다양한 채널을 통해 제공된다. 특히 과거에는 진로정보가 주로 인쇄 매체로 제공되어 온 것에 비해 최근에는 대부분 인터넷을 기반으로 엄청나게 다양한 정보가 제공되고 있다. 직업구조가 끊임없이 변화하고 새로운 직업이 꾸준히 창출되기 때문에 직업정보 및 진로정보의 신속한 수집과 배포는 매우 핵심적인 사항이 되었다. OECD(2004)의 국제 비교 보고서에 따르면, 많은 국가에서 진로지도 서비스를 제공하기 위하여 정보통신기술을 광범위하게 활용하고 있으며, 진로정보를 제공하는 수단에만 국한하지 않고 진로의사결정까지 지원하는 방법으로 활용되고 있다고 언급하면서 인터넷 기반의 진로정보 제공의 중요성을 강조하고 있다(최수정, 정철영, 2009). 인터넷 기반의 진로정보가 효과적으로 제공되기 위해서는 다음의 요소가 충족되어야 한다. 첫째, 정보의 접근 가능성이다. 다양한 계층의 사용자가 손쉽게 원하는 정보를 습득할 수 있어야 한다. 둘째, 정보의 적시성이다. 변화하는 정보를 빠르게 추가 · 변환 · 제거하여 적기에 제공되어야 한다. 셋째, 정보의 신뢰성이다. 전문가에 의해 검증된 질 높은 정보가 제공되어야 한다.

2) 진로정보 활용 기준

지금까지 살펴본 내용이 공급자 측면에서 진로정보가 갖추어야 할 요소들이라면, 우리가 이용자의 측면에서 고려해야 할 진로정보의 활용 기준은 다음과 같다(강미영, 2020).

(1) 다양성

진로정보의 탐색과 활용에 있어 다양성을 충분하게 고려해야 한다. 즉, 정보를 선점할 수 있는 다양한 채널에 대해 알고 활용해야 한다. 지식정보화 사회에서 정보는 힘(power)의 의미로 해석할 수 있다. 지식과 정보가 폭발적으로 생산되는 만큼 빠르게 폐기될 수 있으며, 최신의 유용한 정보를 선도적으로 발견하고 지식 노동자로서의 힘을 갖기 위해서는 최대한 정보와 가까이 있는 것이 유리하다는 점을 유념해야 한다. 다양한 진로정보 제공 채널을 확보해야 하며, 손쉽게 활용할 수 있는 여건을 스스로 조성하는 노력이 필요하다. 일반적인 정보 외에도 목표 직업이나 관심 직업, 직무에 특화된 채널을 다양하게 확보하는 것은 자신만의 차별화된 경쟁력을 갖추는 것은 물론 기회에 포착하는 데에도 많은 도움이 될 것이다.

(2) 최신성

진로정보의 탐색과 활용에 있어 최신성을 충분하게 고려해야 한다. 정보 활용에 있어 오직 최신성만이 최선의 기준은 아닐 것이다. 때로는 다소 시일이 경과된 정보라도 신뢰성에 중점을 둔다면 채택할 수 있으며, 미래 예측과 관련된 정보의 경우에는 너무 이른 정보가 오히려 혼란을 불러올 수도 있음을 유념해야 한다. 하지만 직업 및 진로 분야의 특성상 최신의 정보일수록 효과성이 클 수밖에 없는데, 특히 고용과 관련된 정보라면 더욱 그러할 것이다. 진로정보 활용 시에는 최신의 정보를 탐색하는 것은 기본 전제이며, 정보를 평가하며 활용하는 습관은 꾸준하게 기를 필요가 있다.

(3) 신뢰성

진로정보의 탐색과 활용에 있어 신뢰성을 충분하게 고려해야 한다. 그러기 위해서 우리는 신뢰할 수 있는 정보인지 스스로 평가할 수 있는 안목을 키워야 한다. 잘못되거나 왜곡된 정보는 의사결정에 악영향을 미치고 심각한 문제를 초래할 수 있다. 진로정보 탐색의 목적은 합리적인 진로의사결정이지만 정보의 신뢰성에 대한 평가를 소홀히 한다면 원치 않는 결과를 얻을 수도 있다. 균형 있는 관점을 바탕으로 수집된 정보를 평가하고 분석하는 것은 기본적인 학습 방법이며 태도이기도 하다. 정보의 수집 및 활용 능력이 핵심역량이라는 인식을 가지고 더욱 개발해야 할 것이다.

현재 청년층을 대상으로 한 진로정보 웹사이트는 엄청나게 많아졌고, 웹사이트들은 이용자들의 쉬운 접근과 정보수집을 돕기 위한 목적으로 서로 연결되어 있다. 진로정보를 제공하는 유사한 웹사이트 간의 연결망을 온라인 진로정보 네트워크라고 정의할 수 있는데(최수정, 정철영, 2009), 온라인 진로정보 네트워크를 통해 활발하고 주도적인 정보탐색을 시도하는 것은 정보 수집 및 활용 역량을 강화하는 의미가 될 수 있다(강미영, 2020).

최근에는 채용시장에서 인공지능 기술을 활용하는 사례가 확대되면서 진로정보도 커스터마이징된 형태로 제공되는 추세를 보이고 있다. 이제는 인공지능 기반 정보 시스템이나 Chat GPT 등을 적절하게 다루며 자신에게 유용한 정보를 생성하고 활용할 수 있는 디지털 리터러시의 필요성도 커지고 있다.

표 4-2 **주제별 진로정보 사이트 I**

주제	사이트명	웹 주소
진로	고용노동부	https://www.moel.go.kr
	워크넷	https://www.work.go.kr
	진로정보망 커리어넷	https://www.career.go.kr
	한국고용정보원	https://www.keis.or.kr
	한국직업능력연구원	https://www.krivet.re.kr
	사이버진로교육센터	https://www.work.go.kr/cyberedu
직무	국가직무능력표준 NCS	https://www.ncs.go.kr
	잡이룸 직무사전	https://www.joberum.com
기업	금융감독원 전자공시시스템 DART	https://dart.fss.or.kr
	한국거래소 전자공시시스템 KIND	https://kind.krx.co.kr
	한국기업평판연구소	https://rekorea.net
	한국신용평가	https://www.kisrating.com
	케이리포트	https://www.kreport.co.kr
	청년친화 강소기업	https://www.work.go.kr/smallGiants
	중소기업 현황정보시스템 SMINFO	https://sminfo.mss.go.kr
	중견기업 정보마당	https://www.mme.or.kr
	기업집단포털 eGROUP	https://www.egroup.go.kr
	한국언론진흥재단 기사DB BIGKinds	https://www.kinds.or.kr
자격	Q-Net	https://www.q-net.or.kr
	민간자격정보서비스	https://www.pqi.or.kr/indexMain.do
	과정평가형 · 일학습병행자격포털	https://c.q-net.or.kr
공공	공공기관취업정보시스템 잡알리오	https://job.alio.go.kr
	나라일터	https://www.gojobs.go.kr
창업	중소기업청 K-Startup 창업지원포털	https://www.k-startup.go.kr
	창업진흥원	https://www.kised.or.kr
	한국청년기업가정신재단	https://www.koef.or.kr

표 4-3 **주제별 진로정보 사이트 Ⅱ**

주제	사이트명	웹 주소
교육/ 일 경험	직업훈련포털 HRD-Net	https://www.hrd.go.kr
	미래내일 일 경험 사업	https://www.work.go.kr/experi
	온통청년	https://www.youthcenter.go.kr
	청년재단	https://kyf.or.kr
	청년허브	https://youthhub.kr
	서울일자리포털	https://job.seoul.go.kr
	산업통상자원부 희망이음 프로젝트	https://www.hopelink.kr
	한국무역협회 무역아카데미	https://newtradecampus.kita.net
	한국보건복지인재원	https://www.kohi.or.kr
	한국콘텐츠진흥원 게임인재원	https://www.kocca.kr
	삼성 청년 SW 아카데미	https://www.ssafy.com
	현대건설 기술교육원	https://edu.hdec.co.kr
	상상유니브	https://www.sangsanguniv.com
	한국생산성본부 이러닝	https://www.e-kpc.or.kr
	한국능률협회 KMA 러닝센터	https://www.kma.or.kr
	한국표준협회 KSA EDU	https://www.eksa.or.kr/edu
여성	온라인경력개발센터 꿈날개	https://www.dream.go.kr
	여성인력개발센터	https://www.vocation.or.kr
글로벌	월드잡플러스	https://www.worldjob.or.kr
	외교부 국제기구인사센터	https://unrecruit.mofa.go.kr
	한국국제협력단 코이카	https://kov.koica.go.kr
공모전/ 대외활동	위비티	https://www.wevity.com
	씽굿	https://www.thinkcontest.com
	대티즌	https://www.detizen.com
	올콘	https://www.all-con.co.kr
	스펙토리	https://www.spectory.net
학습/ 교양	K-MOOC	https://www.kmooc.kr
	KOCW	https://www.kocw.net

실습 1

협동학습 시작하기

- 다음 세 가지 측면에서 자신의 강점과 관련 경험에 대해 작성해 봅니다.

성격	
전공/적성/능력	
경험/경력	

- 자신의 강점 세 가지를 활용하여 간단한 자기소개 글을 작성해 봅니다.

- 자기소개 글을 활용하여 팀원들과 인사를 나눕니다.
- 팀원의 자기소개를 경청할 때 다음 표에 자신을 포함한 팀 전체의 이름을 적습니다.
- 활동을 마무리할 때 팀원의 첫인상을 다섯 글자로 요약해서 서로 써 줍니다.

본인:	팀원:	팀원:	팀원:

실습 2

과제수행 계획서 작성하기

- 진로탐구 프로젝트를 시작하며 과제수행 계획서를 작성해 봅니다.
- 다음 과제 지시문을 통해 진로탐구 프로젝트에 대해 대략 이해해 봅니다.

과제 지시문
• 해결해야 할 문제: 전공 관련 직무에 대한 낮은 이해도와 준비도 • 수행 과제: 진로탐구 프로젝트의 설계 및 수행 • 수행 방식: PBL 기반 협동학습 • 결과물: 진로탐구 보고서(PPT 또는 영상물) 등

- 다음 예시 사례를 통해 진로탐구 프로젝트의 의미에 대해 생각해 봅니다.

대학에서 ○○학을 전공하는 인수는 전공 관련 직무에 대한 낮은 이해와 미흡한 준비의 문제를 해결하기 위해 이번 학기 진로교과목 수업에서 진로탐구 프로젝트를 설계 및 수행하기로 한다. 프로젝트 수행 방식은 PBL 기반 협동학습이며, 이에 팀원으로서의 주도성과 협력성이 필수적으로 요구된다. 프로젝트의 결과물은 전공 관련 직무분석, 기업분석이 포함된 진로탐구 보고서이며, PPT 또는 영상물로 제작해서 제출해야 한다. 인수는 이번 프로젝트 참여를 단지 과제 활동만이 아닌 취업 준비의 첫 시작으로 인식한다. 그래서 이번 기회에 직무 등 진로정보를 수집 및 분석하는 방법을 올바르게 익혀서 그 경험을 바탕으로 실제 활용할 커리어 포트폴리오도 만들어 볼 생각이다. 인수는 오늘 팀원들과 함께 진로탐구 프로젝트의 학습 과정과 성과를 어떻게 만들어 갈 것인지에 대해 구체적인 계획을 세우려고 한다.

- 과제 지시문과 예시 사례를 통해 진로탐구 프로젝트에 대해 어느 정도 이해했다면 과제수행 계획서를 단계별로 작성해 봅니다.
- 단계별 작성 내용을 참조하되 자유롭게 작성할 수 있습니다.

생각(ideas)	프로젝트 목적, 프로젝트 제목, 프로젝트 결과물, 프로젝트 완수 후의 모습 등

사실(facts)	현재 알고 있는 전공 관련 직무들, 현재 알고 있는 전공 관련 기업들, 현재 알고 있는 전공 관련 동향과 인물 등

학습과제 (learning issues)	분석해 보기로 결정한 전공 관련 직무들, 분석해 보기로 결정한 전공 관련 기업들, 기타 해 보고 싶은 활동 등

실천계획 (action plans)	팀명, 팀장, 팀원별 담당 주제, 일정 및 장소, 팀 규칙 등

성찰글쓰기

팀플과 역량

- 자신의 팀플 경험에 대해 회상해 본 후 이번 협동학습에 임하는 자신의 마음가짐을 선택해서 정리해 봅니다.
- 이 경험을 통해 어떤 배움을 얻게 될지 생각해 봅니다. 지식, 기술, 태도의 측면에서 기대해 볼 수 있는 가까운 미래의 성과를 예측해 봅니다.

대학생을 위한
진로탐구와
역량개발

제 3 부

나의 삶과 진로이야기 말하기

제5장

나 그리고 나의 삶

학습 내용

1. 긍정적 자기이해
2. 진로구성 인터뷰

학습 내용

- 긍정적 자기이해의 중요성과 방법에 대해 설명할 수 있다.
- 진로구성 인터뷰 질문의 목적과 의미에 대해 설명할 수 있다.

1. 긍정적 자기이해

1) 긍정적 자기이해의 중요성

자신에 대한 자기 자신의 생각을 뜻하는 자아개념(self-concept)은 자존감과 자신감의 기반으로서 우리의 행동에 강력한 영향을 미친다. 즉, 자신에 대한 생각에 따라 우리의 행동이 달라진다. 좋은 자아개념을 갖는 것이 중요한 이유는 그것이 사람의 행동을 동기화하고 방향감을 주기 때문이다(Rice & Dolgin, 2008). 자신을 장점이 많은 유능한 사람이라고 믿는 사람은 자신감 있게 행동하는 반면, 자신을 나약하고 단점이 많은 존재로 인식하는 사람은 소극적인 행동을 하게 된다(권석만, 2010). 자아개념은 자신을 구성하는 가치, 신념, 가정, 태도 등의 다양한 요소에 대한 인식과 평가로 이루어지는데, 나를 안다는 것은 이러한 사실을 아는 것을 넘어서 그것들이 자신의 행동에 어떻게 영향을 미치는가를 아는 개념이다.

Super(1990)에 따르면, 진로의식은 전 생애에 걸쳐 발달하며, 직업선택은 개인과 환경과의 상호작용에 의한 적응과정으로서 인간은 자신의 자아 이미지와 일치하는 직업을 선택하게 된다(임은미 외, 2020). 따라서 직업발달 과정은 자아개념으로 발달해 나가는 과정으로 설명될 수 있다. 한 사람이 직업인으로서 자신이 원하는 직업을 갖고 그 일을 효과적으로 수행하기 위해서는 장기간에 걸친 치밀한 준비와 노력도 중요하지만 자기에 대한 분명하고도 긍정적인 인식이 선행되면 이러한 노력은 더 적절하게 이루어질 수 있다.

직업인으로서 자기인식이란 다양한 방법을 활용하여 자신이 어떤 분야에 흥미가 있고, 어떤 능력의 소유자이며, 어떤 행동을 좋아하는지를 종합적으로 분석하는 것이다. 이를 통해 자기를 지각하고, 그 지각된 내용을 체계화함으로써 자신을 존중하고 자신을 가치 있다고 여기는 동시에 자신의 한계를 인식하고 더 성장해야겠다는 욕구를 가질 수 있어 자아정체감을 확고히 할 수 있게 된다. 직업인으로서 자기인식은 직업생활에서 자신의 요구를 파악하고 자신의 능력 및 기술을 이해하여 자신의 가치를 확신하는 것으로 개인과 팀의 성과를 높이는 데 필수적으로 요구된다.

2) 자기이해를 위한 심리검사 활용

자기를 인식하기 위한 전통적인 방법으로는 자신을 살펴봄으로써, 타인과의 커뮤니케이션을 통하여, 그리고 표준화 심리검사 등이 있다(이숙정, 김해란, 2012). 그중에서 자기이해를 위한 표준화 심리검사는 대학생이라면 대학상담센터를 방문하거나 국가 진로정보시스템을 활용하여 실시해 볼 수 있다.

(1) 대학상담센터 방문

대학생이라면 대학상담센터를 방문해서 필요한 심리검사를 경험하는 방법이 추천된다. 직접 대학상담센터를 방문하는 방법은 당면한 호소문제 해결에 도움이 되는 심리검사를 추천받을 수도 있고 검사 실시 후에는 전문적 해석 상담을 받아 볼 수 있다는 장점이 있다. 그리고 비용이 드는 다양한 심리검사를 대부분 대학의 지원으로 무료로 실시해 볼 수 있다.

(2) 국가 진로정보시스템 활용

대학생을 위한 진로 심리검사의 경우 워크넷, 커리어넷 등 국가 진로정보시스템에서 스스로 간편하게 검사를 실시해 볼 수 있다. 시간과 장소의 제약이나 상담에 대한 부담 없이 다양한 검사를 체험해 볼 수 있고, 심리검사 완료 시에는 결과에 대한 해설지가 바로 제공되는 장점이 있다.

〈표 5-1〉은 대학상담센터 및 국가 진로정보시스템을 통해 실시해 볼 수 있는 대학생용 진로 심리검사의 예시이다. 표준화 심리검사 등을 통해 자기 지식을 얻게 되었다면

그러한 자기인식을 기반으로 자기가 어떤 사람인지에 대하여 스스로 깨닫고 해석하는 이해(理解)의 과정이 필요하다. 자기이해란 자기 삶의 이야기를 통해 소망을 깨닫고, 의미 부여를 하며, 소망하는 자기를 추구하고 구성해 가는 것이라 할 수 있다. 살아온 이야기의 작은 조각들 속에는 전체로서의 자기를 이해하게 하는 중요한 단서들이 들어 있다. 자기이해는 명사가 아닌 동사의 의미로 이해되어야 한다. 자기이해는 단지 전통적 방식의 성찰이나 심리검사를 활용하는 방법뿐만이 아니라 최신 기법을 배움으로써 보다 깊은 경지의 자기이해에 다다를 수도 있다. 그것은 자기를 살펴보면서, 자기 삶의 이야기를 말하는 행동이다.

표 5-1 **자기이해를 위한 대학생용 진로 심리검사**

구분	개발처	검사명	검사 소개
대학 상담센터	학지사 인싸이트	HOLLAND 직업적성검사	진로포부, 성격적성, 능력적성, 직업적성, 직업분야 제시
	어세스타	STRONG 직업흥미검사	표준직업분류, 기본흥미척도, 개인특성척도 제시
		MBTI 성격유형검사	네 가지 선호지표, 열여섯 가지 성격유형 제시
	한국 가이던스	CTI 진로사고검사	진로사고(의사결정혼란, 수행불안, 외적갈등), 정보처리영역 피라미드
국가 진로 정보시스템	워크넷 (고용노동부)	성인용 직업선호도검사(S형)	개인의 흥미유형 및 적합직업 탐색
		성인용 직업선호도검사(L형)	개인의 흥미유형 및 성격, 생활사 특성을 측정하여 적합직업 안내
		성인용 직업가치관검사	직업가치관 이해 및 적합직업 안내
		성인용 직업적성검사	자신의 적성에 맞는 직업분야 제시
		영업직무기본역량검사	영업직 직무수행 및 적합분야 제시
		IT기본역량검사	IT직무 관련 적성 및 인성요인
		대학생 진로준비도검사	진로 및 취업선택 지원을 위한 진로발달 및 취업 준비 행동 수준 측정
	커리어넷 (교육부)	진로개발준비도검사	진로를 탐색 · 계획 · 준비 · 적응하는 과정에서 요구되는 특성과 노력 조언
		주요능력효능감검사	14개 직업군별 요구능력과 능력 수준 및 적합도 제시
		이공계전공적합도검사	이공계 전공별(11개) 적합성 제시
		직업가치관검사	직업과 관련된 욕구와 가치의 상대적 중요성 제시

2. 진로구성 인터뷰

네가 서 있는 곳을 깊이 파 보라.
샘은 발아래 있다.

이곳이 아닌 다른 먼 곳에, 미지의 이국땅에서
자신이 찾는 것과 가장 걸맞는 것을 찾고자 하는 젊은이가 얼마나 많은가?
실은 자신이 한 번도 본 적이 없는 자신의 발아래야말로
아무리 퍼내도 마르지 않는 샘이 있다.

원하는 것이 파묻혀 있다.
자신에게 주어진 많은 보화가 잠들어 있다.

- 원하는 것은 여기에 있다, 『니체 인생론』 중에서

1) 진로구성이론

진로구성이론(career construction theory)을 통합 및 발전시킨 Savickas(2011)에 따르면, 진로란 개인이 자신의 진로 관련 행동과 경험에 의미를 부여하면서 스스로 구성해 가는 것이다. 진로구성(career construction)이란 단순히 업(業)의 선택으로 완성되는 선형적인 과정이 아니며, 진로는 단순한 선택을 넘어서는 반영적 사고를 통해 고유한 자기를 채워 나가는 과정, 즉 구성적 작업이다(김소연, 정희숙, 2015). 사람들이 자신의 진로이야기를 말할 때 사람들은 하나의 내러티브를 만들어 내는데, 이것은 본질적으로 자신의 진로에 대한 그들 자신의 견해이다(Sharf, 2014). 종합해 보면, 진로구성이란 개인이 자신의 삶의 이야기에 주체적 의미를 부여하며 세상 속에 소망하는 자기를 세우는 과정이다(강미영,

2019). 따라서 진로구성 상담과 교육은 개인의 생활이나 정체성을 변화시킴으로써 진로 결정과 의사결정 과정이 바람직하게 변화한다고 보는 차원에서 개입해야 한다. 개인의 생활이나 정체성을 변화시키기 위해서는 개인의 이야기를 변화시켜야 하고, 이야기를 변화시키는 것은 진로구성 상담 및 교육의 개입 목적이다(이제경, 2015; Rehfuss, 2009; 강미영, 2019 재인용).

이처럼 진로구성이론의 대표적인 상담전략은 '이야기하기(storytelling)'이다. 전통적인 진로상담에서 주로 사용하는 표준화 검사의 사용이나 결과해석을 최소화하고, 내담자로 하여금 자신의 진로선택과 관련된 자신의 이야기를 하도록 하는 것이다(김봉환, 2019). 진로구성이론에서 주로 사용되는 인터뷰는 내담자의 이야기하기를 돕는 구조화된 자극질문이다. 진로구성 인터뷰(career construction interview)는 자기이해를 돕는 효과적인 질문목록이며, 내담자의 기억을 자극하여 개인의 사적인 삶 안으로 들어가는 길을 찾는 수단이 된다(Savickas, 2011). 진로양식 면접(career style interview) 혹은 커리어스토리 인터뷰(career story interview)로도 불리는 진로구성 인터뷰는 진로 고민과 관련된 인식, 자신감, 방향, 확인, 격려를 경험하게 하면서 과거와 현재 사이의 연결을 명확히 그리도록 돕는다. 미래에 하고 싶은 것은 무엇인지, 어떤 사람이 되고 싶은지, 자신이 무엇을 해야 하는지를 중심으로 자신을 이해하는 데 효과적인 도움을 제공한다.

2) 진로구성 인터뷰의 다섯 가지 질문

자신의 생애이야기를 알고 말하는 것은 진로 계획 및 결정에 의미와 방향을 더해 준다(Hartung & Taber, 2013; Maree, 2007; McMahon & Watson, 2015; Savickas et al., 2009). 이 능력을 향상시키는 것이 진로구성 인터뷰의 핵심 목표이다(McMahon & Watson, 2015). 진로구성 인터뷰의 다섯 가지 질문은 롤모델(role model), 잡지(magazine), 선호하는 이야기(favorite story), 좌우명(motto) 그리고 초기 기억(early recollection)에 대한 것이다(Rehfuss et al., 2011; 강미영, 2019 재인용).

(1) 롤모델

롤모델(role model)에 대한 질문은 내담자가 추구하는 이상적 자아 이미지를 알아차릴 수 있도록 돕는다. 질문은 누구를 존경했느냐보다는 롤모델의 어떤 점을 존경했느냐에 초점을 맞추어야 한다. 개인이 특정 롤모델을 선택한 이유를 이해할 때, 개인의 이상적 자아와 핵심적 생애목표를 이해할 수 있는 프레임을 확인할 수 있다. 롤모델에 관한 질문들에 답하면서 내담자는 자신들이 해결해 나가길 바라는 문제들에 대해 이야기할 수 있다. 어떤 롤모델은 내담자와 같은 어려움을 가지고 있지만 그러한 곤경에서 벗어날 방법도 가지고 있다. 다시 말해, 내담자의 롤모델을 통해 핵심적인 인생 목표를 확인하고, 내담자의 핵심적인 관심사가 표현되며, 내담자가 문제를 어떻게 극복할 것인지가 드러난다. 내담자들은 롤모델을 보고함으로써 자기를 깨닫게 된다. 그들은 자신에게 자기를 드러내는 것이다. 세 명의 롤모델에 대해 말함으로써 자기가 다중으로 구성된다는 것도 알게 된다. 그 과정에서 사람들은 자기를 긍정적으로 인식하며 자신의 정체성을 보다 구체적으로, 원하는 모습으로, 새롭게 재구성할 수 있다. 단, 부모는 롤모델은 아니다. 부모는 인생과정을 잘 알고 있고 그들이 자녀에게 나아갈 길의 방향과 계속적 관심을 제공하기 때문에 내담자가 나아갈 행동지침을 지도한다는 차이가 있다.

(2) 잡지

잡지(magazine)에 대한 질문은 개인의 생활양식에 맞는 환경에 대한 선호를 나타낸다. 즉, 이 질문을 통해 직업적 홍미를 다룰 수 있다. 잡지에서 가장 좋아하는 부분과 그 잡지가 매력을 끄는 이유 등을 구체적으로 살펴보는 것은 유용하다. TV 프로그램, 웹진, 인터넷 즐겨찾기, 자주 가는 사이트, SNS 등은 대체될 수 있는 질문이다. 간접적인 환경에 반영된 홍미는 개인이 적극적으로 몰두하는 환경(상황, 장소)을 나타낸다. 진로이야기의 주인공 또는 관리자로서 어디에서 자아개념을 실행하고 싶어 하는지를 알려 준다 (McMahon & Watson, 2015).

(3) 선호하는 이야기

선호하는 이야기(favorite story)는 동일한 문제에 당면해 있는 주인공을 드러내고, 이 주인공이 어떻게 그 문제를 다루어 가는지를 보여 준다. 사람들은 주인공이 자신의 문제와 유사한 삶의 문제를 어떻게 경험해 가는지를 보여 주는 이야기(예: 책, 영화 등)에 끌리게 된다. 주인공이 문제를 어떻게 다루는지를 살펴보고 격려를 받아 때론 주인공의 대처전략을 모방하기도 한다. 말해지는 이야기에서, 사람들은 일반적으로 자신의 가능한 미래에 대하여 말한다. 전형적으로 선호하는 이야기는 핵심적인 삶의 문제와 그것들을 어떻게 다룰 수 있을 것으로 생각하는지를 분명하게 묘사하고 있다.

(4) 좌우명

좌우명(motto)은 자기 자신에게 하는 충고이며, 생애사(life story)의 제목을 제공한다. 좌우명, 속담, 격언에 대한 대답은 삶의 문제를 다루기 위해 가지고 있는 최선의 내적 지혜와 지침을 나타낸다. 그 속에서 내담자는 현재 삶의 문제를 다루는 방법과 좀 더 완벽해지는 방법을 스스로에게 말한다(McMahon & Watson, 2015). 진로상담에서 내담자가 좌우명이 없다고 말하는 경우 좋아하는 격언을 말해 달라고 요청하거나 지금 좌우명을 새로 만들어도 된다고 격려할 수 있다. 그러면 주저했던 내담자라도 뭔가 말하게 된다.

(5) 초기기억

초기기억(early recollection)에 대한 질문은 무엇에 몰두하며 노력을 기울이고 있는지, 중심 집착을 드러낸다. 초기기억들은 내담자 자신과 타인 그리고 세상에 대한 내담자의 기본 이해를 나타내는 근원 경험을 묘사한다. 초기기억은 내담자의 집착과 지배적으로 반복되는 주제, 즉 핵심 삶의 문제, 집착, 고통에 대해 가장 정확하고 명확하게 제시해 준다. 전형적으로 세 가지의 초기기억에 대해서 묻고, 내담자에게 각각의 이야기의 본질을 잡아내는 표제를 달아 달라고 요청할 수 있다. 내담자는 그것들로부터 교훈을 찾고, 강요된 원칙들을 해체할 수 있다.

그 밖에도 초기 진로양식 면접에 포함되었던 '여가와 취미'에 대한 질문도 활용할 수 있다. 여가와 취미에 대한 질문은 자기표현을 다루고 겉으로 드러난 흥미가 무엇인지를 나타낸다. 여가활동 시 사람들이 주로 맡아 행하는 역할은 의미가 있다. 역할은 수행자, 리더, 파트너, 청취자, 구성원, 협력자 등을 예로 들 수 있다. 그 역할의 핵심 기능과 그 역할이 주는 보상에 대해서 알아볼 필요가 있다. 예를 들면, 위로, 힘, 협동 등이 역할이 주는 보상일 수 있다. 여가에 대한 동기가 생태적이기 때문에 사람들이 그 활동을 하면서 환경과 어떻게 상호작용하는지 명확하게 알아볼 필요가 있다. 여가활동은 개인적인 개발의 기회도 된다. 여가활동을 통해 사람들은 열등감과 불완전함을 해소할 수도 있다. 여가활동은 자기치료적일 수 있는 것이다. 여가활동을 통해 유능감과 자신감을 향상하는 전략을 개발하며, 실생활에서 문제를 다룰 수 있는 대처능력과 강점을 가질 수 있다(강미영, 2019). 〈표 5-2〉는 진로구성 인터뷰 질문의 목적과 의미로, 여러 문헌(McMahon & Watson, 2015; Taber et al., 2011)의 설명을 종합한 내용이다.

표 5-2 **진로구성 인터뷰 질문의 목적 및 의미**

영역	목적	의미	질문 예시
롤모델	actor	이상적 자아를 보여 줌	"자라면서 누구를 존경했나요? 그 사람의 어떤 면을 특히 존경하나요?"
잡지	agent	명백한 흥미와 선호하는 환경을 보여 줌	"좋아하는 잡지나 TV 프로그램은 무엇인가요? 그것의 어떤 점이 좋은가요?"
선호하는 이야기	author	동일한 문제에 당면한 주인공이 그것을 어떻게 다루어 나가는지 보여 줌	"좋아하는 책이나 영화가 있다면 그 이야기를 해 주세요."
좌우명	advice	이야기의 다음 에피소드를 구성하도록 지지하고 전략을 제공함	"가장 좋아하는 명언이나 좌우명을 말해 주세요."
초기기억	arc	무엇에 몰두해 노력을 기울이는지 집착하는 문제를 드러냄	"3~6세 시기에 당신에게 일어났던 일 중 기억에 남는 세 가지에 듣고 싶습니다."

실습 1

롤모델과 나

• 지금까지 살면서 내 삶과 진로에 영향을 준 롤모델 3인을 선정해 봅니다.

롤모델			

• 1단계: 롤모델 소개

존경하는 이유			

• 2단계: 롤모델과 나

롤모델이 나에게 미친 영향			

• 3단계: 발견

내가 추구하는 자아 이미지			

실습 2

Story & Motto

• 가장 좋아하는 책이나 이야기(예: 동화, 소설, 영화, 드라마 등)를 선택해서 좋아하는 이유를 생각해 봅니다.
• 이야기 속 인물이 어떤 일을 하거나 문제를 해결할 때 어떻게 했는지 떠올려 봅니다.

제목	
이유	
이야기 속 인물의 문제해결 방식	

• 좌우명을 갖고 있다면 작성해 봅니다. 없다면 지금 좌우명을 정해 봅니다.
• 좌우명을 갖게 된 배경과 이유, 자신에게 주는 의미를 생각해 봅니다.

좌우명	
좌우명을 갖게 된 배경과 이유	
나에게 좌우명의 의미는?	

성찰글쓰기

나, 정말 내가 만들 수 있는 것인가

- 자신이 자기 자신에 대해 기존에 갖고 있던 생각들을 돌아봅니다.
- '긍정적 자기이해'의 의미와 방법에 대해 어떻게 생각하는지, 현재 자신의 인식에 대해 솔직하게 작성해 봅니다.

제6장

나의 진로이야기

학습 내용

1. 직업적 성격 이해
2. 직업선택의 근원적 동기 이해

학습 내용

- 자신의 경험을 이야기하며 직업적 성격에 관해 탐색해 볼 수 있다.
- 초기기억을 이야기하며 직업선택의 동기에 관해 탐색해 볼 수 있다.

1. 직업적 성격 이해

1) 직업적 성격

직업적 성격(vocational personality)이란 진로와 관련된 각 개인의 능력, 욕구, 가치, 흥미 등을 의미한다(임은미 외, 2017). 직업적 성격을 파악하는 것은 자기 지식을 확보하여 개인의 진로의사결정을 돕게 하고 자아인식을 확장하게 해서 자아정체감을 확고히 하는 데 기여된다.

직업적 성격을 파악하기 위해서는 진로구성 인터뷰 질문 중 잡지에 관한 질문을 활용할 수 있다. 진로구성 인터뷰 질문을 활용하는 것은 선험적 상태로서의 특성을 말 그대로 파악하는 일이라기보다는 자신의 특성에 관해 새롭게 의미를 부여하며 직업적 성격을 스스로 구성해 내는 일로 보아야 한다. 직업적 성격 이해는 일상의 이야기를 말하는 과정에서 자기 자신을 한정하는 생각들을 해체시키고, 자신의 특성을 더 나은 가능성으로 나아가는 데 활용할 자원으로 전환하는 의미 부여의 과정으로서 다루어져야 한다.

직업적 성격을 파악하기 위해 진로구성이론에서도 표준화 흥미검사를 사용한다. 하지만 미래를 예측하는 데 목적을 두지 않는다. 진로구성이론에서는 그 결과를 내담자의 진짜 흥미라고 해석하기보다는 하나의 가능성으로서 가설을 만드는 데 활용한다. 자신의 진로에 대한 가설은 자신이 과거와 현재에 어떤 활동에 어떻게 참여하고 있는지를 관찰한 결과와 심리검사 결과를 종합해서 만들어 갈 수 있다. 이 과정에서 Holland의 RIASEC(현실형, 탐구형, 예술형, 사회형, 진취형, 관습형) 모형은 내담자의 특성을 간결하게 표현하는 어휘로 활용될 수 있다.

Csikszentmihalyi(2005)에 따르면, 우리가 어떤 대상에 흥미를 느끼는 것은 그만큼 거기에 공을 들였기 때문이지 저절로 그렇게 되는 것은 아니다. 특정한 관심사나 취미 등은 충분한 관심을 기울여 그 세계의 복잡하고 섬세한 구조를 터득한 사람에게만 지루하지 않게 다가온다. 현실에는 우리의 육체적 · 정신적 · 정서적 행위를 촉발할 수 있는 잠재력을 가진 대상과 경험은 얼마든지 있다. 경험은 그러한 행위를 통해 주체자가 경험과 관련된 원리와 이치를 터득하게끔 한다. 선택한 관심의 대상을 어떻게 경험하는가에 따라 배움은 달라진다. 관심을 다스릴 줄 안다는 것은 경험을 다스릴 줄 안다는 것이며, 그것은 곧 삶의 질로 직결된다. 정보는 우리가 그것에 관심을 기울일 때에만 우리에게 다가온다. 우리가 기울이는 관심은 바깥의 사건과 우리의 경험 사이에서 필터 구실을 하며 우리를 성장시킨다. 원리를 깨달았다면, 자신이 선택한 다양한 경험은 자기계발과 성장을 위한 다양한 기회이며 도구가 될 수 있다.

2) 흥미

흥미는 진로선택과 관련해서 가장 일반적으로 활용되는 직업적 성격 중 하나이다. 흥미의 정의에 있어 직업심리학자 Strong은 1955년에 흥미(interest)란 "특정한 대상에 관심을 쏟고 열중하려는 경향"이라는 『웹스터 사전(Webster Dictionary)』의 정의를 받아들이며, 네 가지의 속성으로 흥미를 확대해서 설명했다(김정택 외, 2006). 즉, 흥미의 속성은 그 대상에 대한 지속적인 관심(attention) 또는 주의, 좋아하는 느낌(feeling of like), 방향(direction) 그리고 관련된 활동(activity)으로 본질적인 특징이 구성된다는 것이다. 그러므로 흥미는 일반적으로 어떤 일이나 활동을 특별히 좋아하는 심리적 성향이며, 특정 대상에 마음이 끌린다는 감정을 수반하는 관심 분야로 이해될 수 있다. 흥미로운 일에 참여하면 신이 나고 재미를 느끼게 되는데, 흥미는 내면에서 활동을 추진하게 하는 심리적 기능이므로 직업선택에 있어서 자신의 흥미 분야와 일치한다면 삶의 만족도가 높아질 수밖에 없다(정석용, 이규은, 2010).

흥미에 대한 영향력 있는 정의로는 Super의 정의도 있는데, 성격 특성 및 기질로서 흥미의 근원과 발달을 설명하였다. Super는 직업흥미는 유전(heredity), 학습(learning), 능력(ability), 성격(personality)의 네 가지 요소를 토대로 형성되는 것으로 보았다(김정택 외, 2006). 개인의 흥미에 대한 정보는 다양한 방법을 통해 수집할 수 있으나 Super는 흥미를 알아내는 기법을 다음의 세 가지로 제시하였다. 첫째, '표현된 홍미'는 어떤 직업에 대해 '좋다' '싫다'라고 간단하게 말하도록 요청하는 것이다. 둘째, '조작된 홍미'는 활동에 대해 질문을 하거나 활동에 참여하는 사람들이 어떻게 시간을 보내는지를 관찰하는 것이다. 셋째, '조사된 홍미'는 검사를 통해 알아내는 방법이다(한미희 외, 2013).

이처럼 개인의 홍미에 대한 정보는 다양한 방법을 통해 수집할 수 있는데, 진로 심리검사를 활용하는 것은 홍미를 알아보는 여러 가지 방법 중 한 가지일 뿐이다. 국내에서 주로 활용되는 직업홍미검사는 대부분 Holland 성격이론에 기초하여 개발된 검사이다. Holland 성격이론은 개인의 진로 관련 성격을 이해하도록 도와주는 유용한 이론이며, 개인의 홍미를 쉽게 설명해 주는 구조를 가진다. 다만 Holland 직업홍미모델은 그대로 받아들이기보다는 각 개인의 개인차와 독특한 상황들을 반영하면서 보조적 도구로 활용하는 것이 바람직하다(김희정, 2007).

3) 성격유형과 생애진로주제

Holland가 성격유형과 환경을 설명하면서 사용한 언어는 자신, 타인 그리고 그들의 세계를 설명하도록 돕는 언어를 학습하기 위해 사용할 수 있는 생애진로주제를 이끌어 내는 데 유용하게 활용될 수 있다. 직업적 성격을 설명하는 Holland의 용어와 성격유형에 따라 전이 가능한 기술로부터의 용어, 이 두 가지가 생애진로주제를 이끌어 내기 위해 조합되거나 별도로 사용될 수 있는 것이다. 우리는 진로구성 인터뷰 결과를 종합하여 생애진로주제를 구성하게 될 것인데, 그 작업은 추상적일 수 있어서 어렵게 느껴질 수 있다. 그러므로 상대적으로 익숙한 Holland 성격유형의 용어에서 부분적이나마 영감을 얻는 것은 생애진로주제의 구성에 유용한 도움이 된다. 다음은 이에 대한 문헌(Gysbers et al., 2014)을 참조하여 Holland 성격유형별로 가능한 생애진로주제의 용어를 정리한 것으로, 유형 성격, 전이 가능한 기술, 가능한 생애진로주제의 순으로 제시하였다. 개인의 홍미는 대개 두 가지 또는 세 가지가 조합된 유형으로 설명되므로 다음의 정보를 용어의 자원으로 삼아 더 풍부한 언어로 조합해 낼 필요가 있다.

(1) 현실형

현실형 성격
• 일을 하거나 생산물을 만드는 데 신체적 기술을 사용 • 이러한 흥미는 일상적인 일부터 복잡한 직업까지 다양한 일을 통해 충족 가능 • 직접 사물을 다루는 것을 포함하며, 도구, 기계, 측정 장치는 생산물을 만들거나, 변화시키거나, 수리 · 개조 · 복구하는 데 사용 • 복잡한 일에는 사물을 조절하거나 통제하는 것, 판단과 결정을 내리기 위해 지식과 추리력을 사용하는 것 등이 포함

전이 가능한 기술	
손의 사용	조립, 구성, 건축; 도구, 기계, 장비 조작하기; 정교한 손재주, 보여 주기, 정확히 다루기, 수리하기
몸의 사용	신체활동, 근육 조정, 외부 활동

가능한 생애진로주제
세부적인 것을 좋아하는, 과제를 완수하길 좋아하는, 체계적으로 구조화된, 효율적인, 자신 있는, 대상을 다루는, 도구로 작업하는, 기계로 작업하는, 순응하는, 정밀한 일을 하는, 실제적인, 방법적인, 솔직한, 정직한, 겸손한, 자연스러운, 끈기 있는, 온건한, 수줍어하는, 안정적인, 검소한

(2) 탐구형

탐구형 성격
• 자연세계에 대한 자료를 수집하고 연구하며, 그것을 의학 또는 물리학의 문제에 적용 • 이러한 흥미는 과학에 관련된 지식과 과정을 가지고 하는 직업을 통해 충족 가능 • 직업에는 과학적 · 기술적 방법, 도구, 장비를 사용하는 것뿐만 아니라 연구를 수행하고 과학적 정보를 분석 · 평가 · 설명 · 기록하는 일 포함 • 계획하고 예정표를 만들고, 처리 · 통제 · 지시하고 자료와 사물을 평가하는 일도 포함 • 사람들과 접촉할 수 있지만 작업에서 사람과 만나는 것은 덜 중요

전이 가능한 기술	
분석적 사고 및 논리의 사용	연구, 정보수집, 분석; 조직화, 진단, 순서대로 배열하기, 비교, 시험, 평가
감각의 사용	관찰, 검사, 조사; 진단, 세밀하게 주의 기울이기

가능한 생애진로주제
분석적인, 효율적인, 주의 깊은, 탐구하기 좋아하는, 호기심 있는, 방법적인, 이해를 추구하는, 문제를 해결하기 위해 사고하는, 정밀한 일을 좋아하는, 독립적인, 온건한, 조직화하려고 애쓰는, 말 없는

(3) 예술형

예술형 성격	
• 감정이나 아이디어를 창조적으로 표현 • 복잡한 정신적 기술은 새로운 지식이나 이미 알려진 것을 응용하는 새로운 방식을 창출하는 데 사용 • 이 기술은 서로 다른 문제 및 계획과 방법을 고안하는 것, 아이디어, 감정, 분위기를 표현하기 위해 새로운 방식을 활용하는 것, 아이디어나 분위기를 창조하는 상상력을 사용하는 것을 포함	
전이 가능한 기술	
독창성 및 창의성의 사용	상상, 발명, 디자인: 즉흥적인, 각색, 실험
예술적 능력의 사용	작곡, 음악 연주, 노래; 재료 형상화, 형태와 얼굴 창조, 색의 사용; 몸, 얼굴, 목소리를 통해 감정과 생각 표현; 표현적으로 단어 사용
직관의 사용	전망 예측, 본능적인 반응, 빠른 상황 판단
가능한 생애진로주제	
일상적인 것을 싫어함, 감독받는 것을 싫어함, 표현적인, 직관적인, 독창적인, 모험적인, 새로운 것을 좋아함, 변화, 다양성, 주목을 끄는, 충동적인, 독립적인, 관행을 따르지 않는, 자발적 · 추상적 사고	

(4) 사회형

사회형 성격	
• 정신적 · 영적 · 사회적 · 신체적 · 직업적 관심에 있어서 개인을 돕는 데 흥미 • 이러한 흥미는 타인의 신체적 · 정신적 · 정서적 · 영적 복지를 유지하거나 향상시키는 것을 중요하게 여기는 직업을 통해 충족 가능 • 잘 말하고 잘 듣는 것, 단순한 생각들을 나누는 것, 도움받아야 할 사람들과 직접적으로 접촉을 갖는 것 또한 중요	
전이 가능한 기술	
언어의 사용	읽기, 복사, 편집, 쓰기, 가르치기, 훈련하기, 기억하기
돕는 능력의 사용	사람들 설득하기, 동기 부여하기, 상담하기; 이해하기, 신뢰 공유하기, 타인의 자아존중감 고양하기
가능한 생애진로주제	
사회적 접촉, 융통성 있는, 흥미로운, 협력적인, 친절한, 친구들의 접근을 좋아하는, 통찰력 있는, 관대한, 사교적인, 안내하는, 이해하는, 인기 있는, 이상적인, 확신하는, 호의적인, 표현을 잘하는, 헌신하는	

(5) 진취형

진취형 성격	
• 타인에게 영향을 미치는 것과 지도자로서 도전과 책임을 즐기는 데 흥미 • 사고, 팔고, 일하고, 듣고, 촉진하고, 거래하는 일, 생산품 및 서비스에 대한 아이디어와 사실들을 수집 · 교환 · 제시하는 일, 다른 사람의 일을 지도 · 계획 · 통제 · 관리하는 일, 그리하여 타인에게 위신이나 인정, 칭찬을 얻는 일이 포함	
전이 가능한 기술	
지도력의 행사	새로운 과정 개시, 아이디어, 최초로 행동하기, 조직하기, 이끌기, 결정하기; 위험 감수하기, 완수하기, 판매하기, 판촉하기, 설득하기
가능한 생애진로주제	
일상적인 것을 싫어함, 융통성 있는, 모험적인, 감독받는 것을 싫어함, 보상과 인정 추구, 야망 있는, 활기참, 독립적인, 사교적인, 설득력 있는, 조작하는, 공격적인, 경쟁적인, 충동적인, 주장적인, 낙관적인, 자신감 있는	

(6) 관습형

관습형 성격	
• 최소한의 시간으로 최대한의 일을 이루도록 조직화되어 있음 • 미리 해야 할 일과 방법을 정하고 일을 여러 번 반복하는 것과 관련 • 이러한 일들은 대개 단기간에 끝낼 수 있음 • 세부적인 것에 정확성과 주의를 요구하는 일이 포함	
전이 가능한 기술	
숫자의 사용	목록 작성, 개표, 계산; 재정기록 관리, 돈 관리; 숫자 기억
마무리하기	계획 마무리, 지침, 세부적인 것에 대한 관심; 분류, 기록, 서류 정리하기
가능한 생애진로주제	
세부적인 것을 좋아함, 직무 완수를 좋아함, 조심성 있는, 끈기 있는, 체계적으로 구조화된, 효율적인, 순응하는, 실제적인, 보수적인, 규칙적인, 내성적인, 양심적인	

2. 진로선택의 근원적 동기 이해

가장 외로운 사람들이 가장 친절하다

가장 슬픈 사람들이 가장 밝게 웃는다.

가장 크게 상처 입은 사람들이 가장 지혜롭다.

모든 사람은 자신이 당한 고통을

다른 사람들이 겪는 것을 원치 않기 때문이다.

- 작자 미상, J. G. Maree(2013)에서 인용 -

1) 초기기억

개인심리학을 창시한 Adler는 내담자가 직업지도를 원할 때마다 생의 초기기억을 질문했다고 한다. Adler는 그 기간의 기억이 내담자 자신을 지속적으로 길들여 온 것이 무엇인지를 결정적으로 보여 준다고 믿었다. 그 시기 동안 아이들은 세상을 이해하고, 그들의 관점에서 페르소나를 형성하기 시작하며, 그러한 모습으로 세상에 참여한다. 초기기억들은 자신과 타인 그리고 세상에 대한 내담자의 기본 이해를 나타내는 근원 경험을 묘사한다. 이러한 핵심신념(core conviction)은 다양한 사회적 맥락 또는 대인관계적 맥락에서 개인의 지각에 의해 상당한 영향을 받는다(Clark, 2002). 사람들은 수많은 초기경험으로부터 지속적으로 유지되는 기본적인 성격구조를 구성함으로써 자신의 사적인 의미 세계를 창조하는 것이다(Adcock & Ross, 1983; Brunh, 1990; McNamee, 1996).

초기기억은 사람들의 삶의 주문을 건 경험을 드러낸다. 기억들은 종종 사람들의 비밀을 이야기하기 위해, 그리고 사람들이 직면한 도전을 강조하기 위해 깨어난다. 생애이야기의 압축된 버전으로서, 그것들은 삶의 라이트모티브(leitmotif)[1], 즉 지배적으로 반복되는 주제를 보여 준다. 그런 이유에서 진로구성 상담에서는 내담자의 초기기억을 깨우기 위한 기법으로서 초기 회상이 활용된다. 초기 회상(early recollections)이란 개인의 일상생활에서 영향을 미치는 본질적 감정을 알아보는 방법이며, 한 개인의 독특한 삶에 대한 관점을 보여 준다. 초기 회상은 개인심리학의 핵심적인 개념으로 자아개념, 자기이상 및 세계관에 대한 삶의 결론들에 대한 확신이나 도식을 이해하는 데 도움을 준다. 초기 회상은 현재 행동들을 이해하는 단서들이며(Sweeney, 1998), Adler는 초기 회상을 통해 주관적이고 자기결정적인 방식으로 목표를 향해 매진할 수 있는 개인의 능력을 이해하여 활용할 것을 강조한다. 초기 회상은 철저히 개인 스스로가 자발적으로 움직일 수 있다는 힘을 믿으며, 산다는 것은 더 나은 상위 단계로 나아가는 것이고 열등한 현실에 대한 보상과 사회적 자아완성의 동기임을 강조한다(Clark, 2002).

이처럼 초기 회상은 사람들이 살아가며 무엇에 몰두하며 노력하고 있는지를 드러나게 한다. 초기기억에 대한 질문은 한 개인이 가지고 있는 삶에서의 집착과 지배적으로 반복되는 주제를 자각할 수 있게 돕는데, 이는 내담자 자신이 자기 자신에 대한 생각을 보다 명확하게 알아차리도록 돕는 것이다. 따라서 초기 회상은 진로구성을 위한 상담에서 사람들이 자신의 생애이야기를 알고 이야기하도록, 그리하여 그들이 자신의 삶을 효과적으로 설계하도록 돕는다. Cochran(2011)은 "고작 한두 개의 가장 어린 시절의 초기기억이 내담자의 인생과 진로에 대한 원형을 제시한다. 일반적으로 초기기억은 아직 더 짜 맞추어야 하는 더 큰 이야기의 단편들을 제공한다."라고 주장한다. Maree(2013)에 따르면 진로상담은 내담자의 삶에서 의미 패턴을 찾는 것에 관한 것이다. 세 가지 초기기억 기법(Maree, 2010)은 정보를 수집해서 이론적 접근을 실제, 즉 내담자의 여러 가지 경험을 정상화하며 내담자를 자신의 진로와 생애이야기를 (재)저술하도록 격려한다.

Maree(2010)에 따르면, 세 가지 초기기억 기법은 그 이야기 속에 있는 '영원한' 주제인 고통과 관심사를 발견하도록 유도한다. 세 가지 기억 중 첫 번째 기억은 핵심적 혹은

1) 오페라나 다른 작품들에서 특정 인물, 물건, 사상과 관련된 반복되는 곡조 또는 (책, 미술 작품, 특정 집단 등에) 반복적으로 나타나는 주제나 중심 사상(네이버 영어사전, 2020. 6. 30.)

중심적인 생애 '문제'와 연결되어 있다. 두 번째와 세 번째 일화는 핵심적인 생애 문제에 대한 잠재적인 해결책과 연관되어 있으며, 내면으로부터 나오는 자기 자신의 조언이다. 두 번째 이야기는 문제를 확인하는 것일 수도 있고, 세 번째 이야기처럼 문제에 대한 해결을 제시하는 것일 수도 있다. 가장 어린 시절의 기억은 심리적 DNA로 작용한다. 초기기억을 분석할 때는 언어적이든 비언어적이든 반복되는 단어, 구절 혹은 표현은 생애주제에 대한 중요한 단서를 제시하기 때문에 매우 세심하게 주목해야 한다. 그리고 그 사건이 일어난 이야기 속의 행위에 주의를 기울여야 한다. 특히 첫 번째 동사에 주의를 기울여야 하는데 동사의 주체가 반드시 내가 아니어도 그것이 주제가 될 수 있다.

문헌(김봉환 외, 2018; Maree, 2010)에 수록된 사례는 초기기억 분석의 한 예시를 잘 보여준다. 남아프리카의 한 고아원에서 노숙자와 버려진 아이들을 돌보는 일을 하는 Catherine Sepato는 자신의 초기기억을 다음과 같이 회상했다.

"네 살 때 크리스마스 날, 아버지가 제게 신발 한 켤레를 주셨어요(gave). 저는 신으려고 애썼지만 둘 중 더 작은 왼쪽 신발이 크게 찢어졌어요. 저는 가족 모임에 그 신발을 신고 가는 것이 부끄러웠고 창피당하고 조롱당할까 봐 두려웠어요. 아버지는 '너는 가족 모임에 그 신발을 신고 가게 될 거야.'라고 주장했고, 저는 울면서 애원했어요. 그러나 아무도 들어주지 않았어요. 우리가 그 모임에 도착했을 때 두려움은 현실로 나타났지요. 사촌과 조카들이 저를 비웃고 놀렸어요."

첫째, 첫 번째 동사가 중심이다. Catherine은 주는 사람이다. 주는 행위는 그녀의 전 존재와 인생철학을 특징지으며 생애 주제를 집약해서 보여 준다. 둘째, 타인을 도움으로써 그녀는 자신을 치유하고 있다. 셋째, 그녀는 고통을 사회공헌으로 돌리고 있다. 그녀는 수동적으로 고통을 받던 것을 적극적으로 극복하고 있다. 넷째, 무엇인가를 행함으로써(행동하거나 움직임) 그녀는 마술을 부리고 있다. 취약한 아이들을 돌보는 그녀의 일이나 진로이야기는 그녀의 생애이야기이다. 시간이 흐르면서 구성된 그녀의 자화상은 이 네 가지 요소를 포함한다.

우리가 지금 자신이 하는 일이나 학습을 어떤 이유에서 무엇 때문에 하고 있는지 분명히 안다면, 우리는 훨씬 더 즐겁게 과정에 몰두할 수 있고 결과에 대한 만족도 더 커질 것이다. 반대로, 자신이 하는 일을 왜 하고 있는지 알지 못하거나 그 가치를 발견하지 못한다면 일이나 학습에 대한 동기가 생기기 어렵고 에너지가 적은 만큼 몸과 마음이 더 지쳐서 원하는 성과를 얻기도 어려울 것이다. 이처럼 우리는 자신이 선택해서 하는 일이나 학습에 대해 스스로 믿음을 가질 수 있다면 현재를 보다 즐겁게 살아갈 수 있으며, 힘들고 어려운 일들에서도 충분한 가치를 찾을 수 있다. 자신이 어떤 학과나 전공을 선택했다는 것, 혹은 어떤 직업이나 진로를 희망하고 있다는 것은 우리가 이전 진로단계에서 선택한 진로의사결정의 결과이다. 그렇지만 적지 않은 대학생의 경우에 자신의 진로선택에서 전념할 만한 의미 있는 가치를 찾지 못하거나 오히려 자신의 진로선택을 진로발달과 성공에 장애가 되는 진로장벽으로 느끼기도 한다. 삶에서 중요한 선택의 이유와 목적을 이해하는 것은 적응적이고 행복한 삶을 만들어 가는 과정에서 선결할 문제이다.

모든 진로상담 '문제'는 내담자 삶의 더 큰 패턴, 즉 내담자는 자신이 왜 여기 있는지를 이해하고, 스스로를 구성하며, 자기 삶의 자화상을 완성하는 전반적인 의미 탐색의 측면에서 해석되어야 한다(Maree, 2013). 초기기억에 대한 해석은 삶에 대한 기본적 태도와 대처방식, 그리고 전공선택을 포함한 진로선택의 근원적 동기를 드러나게 할 것이다. 어떤 이유에서든 지금 우리는 어떤 학과나 전공에 소속된 현재를 살고 있으며, 그리고 가능한 미래를 구성하는 방식으로써 과거를 기억할 필요가 있다. Savickas(2011)에 따르면, 우리가 하는 재기억하기는 개인이 현재를 다루고 미래를 준비하는 하나의 적응적 행동이다. 과거를 재구성함으로써 이전 사건은 현재의 선택을 지지하고, 미래의 행동에 대한 기반을 마련하게 된다. 이야기의 재구성을 통해 자기 삶의 자화상은 점차 선명해질 수 있다.

진로는 미래의 '가능한 자기'를 보면서 나아가는 여정이다. 미래를 예측한다는 것은 매우 어렵지만 과거와 현재라는 열쇠를 통해 미래로 가는 방향을 찾을 수 있다(임은미 외, 2020). 다만 초기기억들은 내담자가 현재 어디에 있는지를 다루는 것이지 그들이 어디서 왔는지를 다루는 것이 아니다. 그것들은 또한 미래에 어디로 향하는지를 다룬다(Savickas, 2011). 기억은 미래의 처음이자 맨 앞에 위치한다(Savickas, 2011).

실습 1

My Favorites

- 다음 지시문에 따라 나의 선호에 관해 작성해 봅니다.
- 1단계: 자신이 좋아하는 잡지, TV 프로그램, 웹사이트 등에 관해 작성해 봅니다.

선호하는 것	좋아하는 부분	좋아하는 이유

- 2단계: 앞의 분석표에 따라서 자신이 선호하는 직업환경을 정리하고, 나의 관심 직무(직업) 및 선호 유형(RIASEC)과 비교해 봅니다.
  - 관심 직무(직업):
  - 선호 유형:

선호하는 직업환경	관심 직무(직업)와의 공통점	선호 유형과의 공통점

실습 2

나의 활동 분석

• 여가생활, 취미나 특기, 특별활동, 체험활동, 자치활동 등 자신이 했던 일이나 경험을 떠올려 보고, 그 활동에서의 나의 역할과 행동에 관해 작성해 봅니다.

시기	활동명	활동 소개	나의 역할과 행동

실습 3

세 가지 초기기억

- 부모님이나 다른 사람이 알려 준 것이 아닌 내가 기억하고 있는 어릴 적 기억을 떠올려 봅니다. 떠오른 순으로 세 가지 초기기억에 대해 작성합니다.
- 각각의 기억에서 당시의 상황, 행동, 결과를 기록해 보고, 자신이 느꼈던 감정과 생각에 대해서도 회상해 봅니다.

- 첫 번째 이야기: 세 경

- 두 번째 이야기: 세 경

• 세 번째 이야기: 세 경

• 이야기를 재검토하고, 이야기의 본질을 담아내는 제목을 동사를 포함해서 만들어 봅니다.

첫 번째 이야기	
두 번째 이야기	
세 번째 이야기	

• 초기 회상을 통해 알게 된 것에 관해 작성합니다.

내러티브의 시작

- 이야기의 작가로서 '나의 진로이야기' 스토리텔링을 시작해 봅니다.
- 내가 추구하는 자아 이미지, 문제해결 방식, 중요하게 생각하는 가치, 잘하는 역할, 몰두하며 노력을 기울이는 것들을 떠올려 보고, 이런 것들이 나의 삶에 미친 영향에 대해 진지하게 성찰하면서 작성하도록 합니다.
- 작성을 마친 이후에도 자신이 삶에서 이루어 나가고 싶은 것은 무엇인지에 대해 천천히 더 생각해 보도록 합니다.

대학생을 위한

진로탐구와

역량개발

제 4 부

직업능력 준비하기

제7장

미래인재 요건

학습 내용

1. 제4차 산업혁명 시대의 인재상
2. 기업분석 기초 이해

학습 목표

- 제4차 산업혁명 시대의 미래직업 키워드와 인재상에 대해 설명할 수 있다.
- 기업 및 기업분석에 대한 기본적 이해를 토대로 기업분석을 시작해 볼 수 있다.

1. 제4차 산업혁명 시대의 인재상

1) 제4차 산업혁명이 직업세계에 미친 영향

(1) 제4차 산업혁명 개요

제4차 산업혁명은 인공지능, 로봇기술, 생명과학 등의 기술혁신이 주도하는 산업혁명이다. 산업혁명의 역사를 살펴보면, 18세기 중반부터 일련의 산업혁명이 발생했고 이 때문에 인간의 노동력이 기계의 힘으로 옮겨 가는 엄청난 변화가 일어났음을 알 수 있다. 1760~1840년에 걸쳐 발생한 제1차 산업혁명은 철도 건설과 증기기관의 발명을 바탕으로 기계에 의한 생산을 이끌었다. 19세기 말에서 20세기 초까지 이어진 제2차 산업혁명은 전기와 생산 조립라인의 출현으로 대량생산을 가능하게 했다. 1960년대에 시작된 제3차 산업혁명은 반도체와 메인프레임 컴퓨팅, PC, 인터넷이 발달을 주도했다. 그래서 이를 디지털 혁명이라고도 말하는데, 제4차 산업혁명은 디지털 혁명을 기반하여 21세기의 시작과 동시에 출현했다(Schwab, 2016). 제4차 산업혁명이란 로봇이나 인공지능을 통해 실재와 가상이 통합돼 사물을 자동적이고 지능적으로 제어할 수 있는 가상 물리 시스템의 구축이 기대되는 산업상의 변화를 일컫는다(PMG 지식엔진연구소, 2016). 산업혁명은 자동화와 연결성의 혁신과정으로 설명되는데, 제4차 산업혁명은 이 두 가지 특성이 인공지능과 빅데이터로 극대화된다(UBS, 2016). 제4차 산업혁명은 속도

1차(1760~1840년)	2차(1870~1914년)	3차(1969~2015년)	4차(2016년 이후)
증기기관, 기계공업	전기, 조립라인, 대량생산	컴퓨터, 인터넷, 자동화, 정보화	가상 물리 시스템, 지능화, 최적화
산업사회		디지털사회	

[그림 7-1] **제1~4차 산업혁명의 특징**

(velocity), 범위와 깊이(breadth and depth), 시스템 충격(systems impact)의 측면에서 이전 산업혁명과는 현저히 구별되는 혁명적 변화이다(Schwab, 2016).

국내에서 제4차 산업혁명에 대한 논의가 본격화된 것은 세계경제포럼(다보스포럼)과 알파고와의 바둑 대결이 있은 2016년부터이지만, 제4차 산업혁명에 대한 인식은 2011년 독일의 '인더스트리 4.0'으로 거슬러 올라간다. 초창기에는 스마트팩토리를 중심으로 한 제조업 혁신으로 시작되었는데, 유통과 금융 등 서비스업을 포함한 전 산업의 변화와 다양한 비즈니스 형태의 개발을 포괄하게 되었다. 제4차 산업혁명으로 인한 기술발달은 서로 다른 분야의 기술이 축적되고 융합되면서 같이 발달한다는 특징을 지닌다. 예를 들어, 전기자동차는 기계공학, 전기공학, 재료공학, 정보 기술(IT)을 융합하여 만들어졌으며, 무인 자동차로 진화하고 있다. 게다가 창조경제로 대변되는 인문학과 디지털 기술의 결합은 서로 다른 분야의 기술적 융합이 전혀 새로운 경제 체제를 형성할 수 있음을 보여 준다(유한구, 민숙원, 2017). 제조업 중심의 산업 구조를 유지하며 ICT 산업에 강점을 보이는 우리나라는 제4차 산업혁명의 파급효과가 큰 국가 중 하나로 예상되었으며, 우리의 삶과 직업 생활에 큰 변화를 몰고 올 것으로 점쳐졌다.

제4차 산업혁명은 산업과 생산방식, 노동의 수요, 노동계약의 방식, 일자리의 수 등의 많은 변화를 가져왔다. 제4차 산업혁명에 따른 자동화와 지능화, 플랫폼 경제의 보편화는 노동 환경에도 다양한 변화를 가져오게 되었는데, 이는 인간과 기계의 협업, 직무수행 방식과 고용 계약의 변화, 업무에 필요한 핵심역량의 변화로 요약할 수 있다. 인공지능이 업무 현장에 도입되면 인간의 업무를 보완하거나 강화하면서 인간과 기계의 협업이 이루어진다. 따라서 기계나 인공지능과 인간의 관계 및 역할 정립 논의도 활발히 진행되고 있고, 공유경제와 같은 새로운 비즈니스 형태도 전면적으로 등장하게 되었다. 다만 제4차 산업혁명은 긍정적인 측면에서는 초연결, 초지능, 스마트 사회로 나타나기도 하지만, 부정적인 측면으로는 급속한 변화의 속도와 구조에 의해 야기될 초경쟁사회, 양극화사회로 나타날 수도 있다(김철, 2023). 그래서 첨단기술의 일자리 대체로 인한 사회적 불평등이 나타날 수 있으므로 실업 대책 및 복지 정책 계획의 필요성도 제기되고 있다(김윤경, 2017).

이러한 배경에서 '일과 학습'은 제4차 산업혁명 시대의 경제적 · 사회적 위기를 부작용 없이 헤쳐 나갈 수 있는 중요한 사회정책으로 떠오르고 있다. 2016년 세계경제포럼에서 제4차 산업혁명 논의를 촉발한 Schwab(2016)은 제4차 산업혁명 시대 노동시장의 혁신으로 나타날 수 있는 사회적 불평등을 우려하면서도 인간이 자기개발, 즉 역량을 개발하여 변해 가는 사회에 적응할 수밖에 없다는 것을 밝혔다(김철, 2023). 제4차 산업혁명의 영향력은 모든 분야와 직업 및 자격 수준을 아우르면서 앞으로도 우리 삶의 많은 변화를 예고하고 있는데, 이 위기를 기회로 전환할 수 있는 해법은 일과 학습을 통한 역량개발에 있음을 알 수 있다. 그리고 국가와 사회는 모든 사람이 생애 동안 일과 학습에 참여할 기회를 다양하게 제공함으로써 사람의 역량과 삶의 질에 근거한 포용적이고 지속가능한 혁신의 토대를 구축해야 함을 알 수 있다.

(2) 제4차 산업혁명 시대의 미래직업 키워드

제4차 산업혁명 시대에서는 로봇, 인공지능 및 스마트 기술의 빠른 혁신으로 인하여 노동시장의 자동화가 촉진될 전망이지만, 이전 시대의 산업혁명과는 달리 노동시장과 사회는 예상되는 변화의 속도에 적응할 시간이 충분하지 않다. 게다가 제4차 산업혁명의 우산 아래에서의 진보는 거의 모든 분야와 직업 및 자격 수준에 영향을 미칠 것인데, 기술의 발전이 인간의 일자리 감소로 이어질 것인가 새로운 일자리 창출을 가져올 것인가를 예측하기는 쉽지 않다. 다만 분명한 것은 제4차 산업혁명이 몰고 올 변화에 대처하기 위해 우리는 진로개발역량을 갖추어 나가야 한다는 것이다(임은미 외, 2020). 그러기 위해 먼저 여기에 관련 문헌(최윤식, 2020)에서 미래학자의 견해를 참고하여 제4차 산업혁명 시대의 미래직업 키워드를 도출하고, 이를 토대로 사회 변화에 대한 시각을 확장해 보기로 한다.

① 성장

제4차 혁명과 관련된 담론에는 인간의 일자리가 대폭 축소될 것이라는 내용을 포함해서 직업 안정성에 대한 부정적 전망이나 위기 상황에 대한 언급이 많다. 미래학자인 최윤식(2020)에 따르면, 이것은 반은 맞고 반은 틀린 예측이다. 특정한 일이나 직업의 소멸도 맞고 특정한 지역에 따라 일자리 규모가 감소하는 것도 맞지만 지구 전체에서 일자리 총규모는 증가한다는 것이다. 기술의 발달로 기존 일자리가 빠르게 사라지고 새로운 일자리는 느리게 생겨나기에 단기적으로는 일자리 총량이 감소하는 것처럼 보일 뿐이며, 결국은 시간이 지나면서 기술이 만들어 낸 새로운 일자리 수가 더 빠르게 증가할 것이라는 설명이다.

그리고 역사적으로 볼 때, 기술이 발달할수록 인간의 일하는 능력도 성장했음을 상기할 필요가 있다. 제4차 산업혁명 시대는 인공지능으로 대변되는 뇌기계의 빠른 진보와 스스로 더 많은 뇌를 사용하는 인간의 변화로 인해 개인당 노동능력의 극대화가 일어날 것으로 예측된다. 인공지능 혹은 인공지능 로봇(기계)은 생산성, 정확성, 지능의 향상을 가져오는데, 인공지능과의 협력과 연결에 성공한 사람들은 '증강된 개인'으로 진화, 즉 성장할 수 있다는 것이다.

그래서 미래에는 기계만 인간의 일을 소멸시키지 않으며, 오히려 인간이 기계의 일을 빼앗는 일이 벌어질 수 있다고 한다. 인공지능이나 로봇기술 등의 발달은 인간에게 새로운 능력을 갖게 할 수 있는데, 예를 들면 몸에 놀라운 능력을 발휘하는 기계를 장착한 인간이 과거에 단순 기계가 했던 일을 빼앗을 수도 있는 것이다. 인공지능이 발전하면 인간이 퇴보하는 미래는 확률적으로 가능성이 낮다. 인공지능이 발전하면 인간도 발전할 것이다. 그러니 제4차 산업혁명으로부터 시작된 수많은 위기와 변화는 성장의 기회로 인식될 필요가 있다.

② 이동

미래직업 키워드 '이동'은 '성장'과 함께 움직인다. 앞에서 살펴본 바와 같이 제4차 산업혁명의 영향으로 일자리의 총규모는 늘어난다. 하지만 성장은 모든 지역에서 동일하게 이루어지지 않는다. 일자리 수가 증가하는 지역이 이동한다. 일자리가 증가하는 업종도 이동한다. 이는 글로벌 경쟁구도, 인구구조, 신기술로 인한 신시장 형성 등의 이유 때문이다. 그리고 더 먼 미래가 되면 일자리의 수가 늘어나는 장소가 현실에서 가상으로 대이동하는 놀라운 사태도 발생한다고 예측된다. 가상현실(VR) 기술의 발전으로 가상과 현실의 구별이 없어지고 하나로 통합되는 시대가 되면 가상세계에서 새로운 직업과 일자리 창출이 폭발할 것이라 한다. 이런 미래까지 바라본다면, 미래 일자리 혹은 직업의 '대이동'이라는 표현이 어울린다.

일의 이동을 따라 사람들도 이동하게 된다. 한 사람이 일생 동안 여러 개의 직업과 조직을 이동하면서 살아가고 있다. 지식과 기술을 기반으로 일이 있으면 조직, 산업, 국가의 경계까지 넘나드는 직업 유목민(job nomad)은 더 많아질 것이다. 그래서 프로틴 경력(protean career)이나 무경계 경력(boundaryless career) 등 '이동'을 포함한 경력 개념은 더 확산될 것이다. 즉, 이는 일하는 장소의 이동을 뜻한다. 일하는 장소의 이동에 가장 큰 영향을 미치는 것은 개인 디바이스의 혁신이다. 앞으로 개인은 디바이스를 계속 재구매하며 장비를 스스로 향상할 것이다. 개인 디바이스의 혁신은 개인의 삶을 성장시키고 국가 전체가 투자해야 할 인프라 비용을 감소시킨다. 사람들이 회사의 장비가 아닌 자신이 투자한 장비를 활용하여 집 안에서 혹은 세계를 여행하면서 일하는 미래가 멀리 있지 않다. 즉, 일하는 장소의 이동은 일하는 도구의 성장과 함께 이루어진다.

그러니 '이동'에는 조직이 아닌 개인이 전적으로 관리하고 책임지는 경력 개념이 필수적으로 수반된다. '성장하는 이동'을 위한 개인의 역량개발은 점점 더 중요해질 수밖에 없다. 그리고 이 과정에서 일하는 목적의 변화가 일어난다. 미래에는 생존만을 위해 돈을 버는 것이 아니라 의미를 창출하기 위한 행위로서 노동을 대하는 노동문화가 생겨날 것으로 예측된다. 자신이 가고자 하는 길과 목적에 따라가는 자유의 탐색과정에서 노동을 추구한다는 것이다. 여기서 자유란 원하는 시간에, 원하는 장소에서, 원하는 만큼, 원하는 조건으로, 원하는 사람을 위해 일하는 것을 말한다. '이동'은 '성장'과 함께 움직일 때 자유에 이를 수 있다.

③ 협력

'이동'을 통해 살펴본 바와 같이 제4차 산업혁명은 일하는 장소, 일하는 도구 등, 즉 일하는 방식의 변화를 가져왔다. 그리고 일하는 동료의 변화를 가져왔다. 동료의 변화는 두 가지이다. 첫째, 우리는 전 세계 사람과 일을 하게 되었다. 자신이 거주하거나 회사가 있는 특정 지역에서 사람을 만나 얼굴을 마주하며 일하던 시대에서 전 세계에 흩어져 있는 사람과 24시간 일하는 시대가 되었다. 둘째, 인간은 인공지능, 인공지능 로봇과도 함께 일하게 되었다. 사물인터넷(IoT) 시대의 본격화와 함께 인간은 주변의 사물과도 일한다. 사물과 정보를 주고받고 사물에 일을 시키고 사물이 인간을 대신해 다양한 일을 한다. 공장에서 일하는 방식이 사무 공간이나 집 안까지 확대된 것으로 생각해도 된다.

우리는 이제 전 세계 사람 누구와도 협력하며 일을 하고, 인공지능, 인공지능 로봇, 사물과도 협력하며 일한다. 동료의 변화로부터 협력의 범위, 형태, 개념이 달라지고 있다. 다양한 대상과 협력해야 하고, 이전보다 상대적으로 짧은 기간의 프로젝트와 비대면 업무가 많아진 것도 변화에 영향을 미치고 있다. 그래서 제4차 산업혁명 시대의 협력 개념에서는 무엇보다 원활한 커뮤니케이션이 강조된다. 시대적 변화는 최근 국가교육과정 개정에도 반영되었다. 2022 개정 교육과정 총론(국가교육위원회, 2023)에서 기존 핵심역량 중 의사소통역량이 협력적 소통역량으로 명칭이 개정된 것은 주목되는 변화이다.

로봇이 식당에서 서빙을 하는 것은 사람의 일자리를 강탈한 것이 아닌 사람과 협력하며 우리의 일을 보완해 주는 것이라고 봐야 한다. 혜택을 누리면서 위험성을 최소화하기 위해 우리가 할 수 있는 일은 무엇인지 많이 고민해야 한다. 미래에는 전 세계 누구와도 소통하며 협력해서 성과를 창출하는 사람, 인공지능과의 공존과 협력을 잘 이루어 내는 사람이 인재가 될 것이다.

④ 통찰

미래를 살아가는 사람들에게 공통으로 필요한 새로운 능력이 나타나고 있다. 미래에 가치가 없어지는 능력으로 빠른 계산 능력, 기억력, 외국어 능력을 들 수 있는데, 이를 대체하는 능력으로 핵심을 통찰하는 능력, 문화 이해력, 기계어 능력(혹은 알고리즘 이해력)을 갖출 필요가 있다. 그중에서도 특히 상황 변화와 변화의 핵심을 통찰하는 능력은 미래 직업환경에서 인간에게 요청되는 최고의 능력이 될 것으로 예측된다. 미래사회에서 누가 가장 오래 살아남고 혹은 큰 부와 권력을 갖게 될 것이냐는 통찰력의 수준에 달려 있다고 해도 과언이 아니다. 통찰력을 발휘하는 데 기초가 되는 정보 수집과 분류, 경우의 수 계산 등은 인공지능이 담당한다. 미래사회가 요청하는 통찰력에는 데이터 리터러시(data literacy)도 포함된다.

통찰력은 두 가지로 나눌 수 있다. 하나는 '훈련된 통찰력'이고, 다른 하나는 평소에 잘 훈련된 통찰력을 기반으로 긴급하고 위험한 상황에서 아주 직관적으로 빠르게 작용하는 '직관적 통찰력'이다(최윤식, 2020). 대부분은 통찰력을 후자로 생각하고, 타고나는 능력으로 생각한다. 하지만 현대 뇌 과학은 이런 상식을 깨고 있다. 통찰력은 훈련될 수 있다. 훈련된 통찰력을 기르기 위해 우리는 평소에 통찰력을 끊임없이 훈련해야 한다. 그 과정에서 유념할 것은 통찰력의 데이터베이스 역할을 하는 정보와 경험의 중요성이다. 인간의 뇌가 가진 놀라운 판단 시스템은 그 시스템 자체만으로 동물이나 컴퓨터보다 탁월하나 시스템이 사용하는 의식과 무의식 속에 저장된 정보나 경험이 더 중요하다. 훈련된 통찰력이란 평소에 좋은 정보와 경험을 의식과 무의식에 계속 저장하고 변화에 맞게 업데이트하며, 이것을 가지고 미래의 상황을 미리 떠올려 반복해서 생각해 보는 것이다. 훈련과정 속에서 다양한 시행착오를 미리 겪는 것도 꼭 필요하다. 직관에서 실수는 거대한 지식의 원천이다. 위급한 순간에 빛처럼 다가오는 직관적 통찰력은 평소 철저하게 훈련된 경험(훈련된 통찰력)에 바탕을 둔다.

통찰력은 미래사회에 우리가 하는 일과 직업에서 중요하게 요청되는 능력인 동시에 개인이 경력개발을 해 나갈 때 사회환경의 변화를 앞서 감지하고 예견하는 데 필요한 능력이기도 하다. 과학과 기술은 계속 발전할 것이고, 인공지능과 인간의 통찰력은 폭이든 깊이든 톤이든 다른 방향이나 함께 성장할 것이다. 미래사회 경쟁력은 이 통찰력의 차이에서 비롯될 것이다.

2) 제4차 산업혁명 시대의 미래인재 요건

(1) 기업이 선호하는 인재상

인재상이란 기업이나 조직에서 이상적으로 여기는 인재의 모습이다(이주진, 2023). 인재상을 기업이 필요로 하는 인적자원관리 방향과 좌표를 설정하는 기준이기도 한데, 이는 기업 규모, 업종, 형태, 문화에 따라서 혹은 시대적 변화와 기업환경 변화에 따라 달라진다. 기업이 선호하는 인재상에 관한 정보는 진로개발 전략 수립의 기초 자료가 된다. 〈표 7-1〉은 대한상공회의소에서 2023년에 발표한 '100대 기업이 원하는 인재상'의 역량과 키워드를 정리한 내용이다. 이 조사는 2008년부터 5년 주기로 총 4회째 시행되었는데, 매출액 상위 100대 기업(공기업, 금융기업 포함)을 대상으로 인재상을 조사 및 분석하여 청년 구직자들에게 정보를 제공한다.

표 7-1 **100대 기업이 원하는 인재상**

분류 코드	역량	역량별 키워드
1	창의성	상상, 인식 전환, 독창성, 가치 창출, 혁신, 창조적 사고 등
2	전문성	최고, 자기개발, 전문가, 현장 지식, 프로, 실력, 탁월, 경쟁력 등
3	도전정신	개척, 모험, 과감한 시도, 위험 감수, 변화 선도 등
4	원칙 · 신뢰	인간미, 도덕성, 정직, 무결점, 공정, 기본, 존중, 정도 등
5	소통 · 협력	동료애, 공동체 의식, 팀워크, 대인관계, 시너지, 협업, 배려 등
6	글로벌 역량	열린 사고, 국제적 소양, 어학 능력, 미래, 유연한 사고 등
7	열정	승부근성, 체력, 건강, 자신감, 진취 등
8	책임의식	책임감, 성실성, 사명감, 고객중심, 고객만족 등
9	실행력	신속한 의사결정, 리더십, 추진력, 실천, 성과 등
10	사회공헌	사회적 책임, 사회 발전, 사회적 가치, 사회적 신뢰, 봉사, 상생, 사회적 역할 등

출처: 대한상공회의소(2023).

2018년 조사된 인재상과 비교했을 때 2023년에 발표된 인재상에서 주목할 변화는 크게 두 가지로 요약된다. 첫째, 인재상 역량 중 '주인의식'은 명칭이 '책임의식'으로 개정되었고, '사회공헌'이 새롭게 추가되었다. Z세대가 본격적으로 채용시장에 나섬에 따라 책임의식이 강조되고 있고, 기업에 대한 사회의 요구가 변화하면서 기업의 ESG(친환경, 사회적 책임, 지배구조)경영이 확대되고 있는데, 기업은 이를 수행할 구성원에게도 사회공헌을 투영하고 있는 것으로 분석된다. 즉, 책임의식을 기반으로 사회 주체로서의 역할을 다하며 이윤을 창출할 인재를 기업이 새롭게 요청하고 있는 것으로 해석된다.

둘째, 중위권이던 '책임의식'이 1위로 부상했고, 상위권이었던 '전문성'이 6위로 하락했다. 대한상공회의소 보도자료(2023. 1. 31.)에 따르면, 기업은 인력의 핵심으로 떠오르고 있는 Z세대의 요구에 맞게 수평적 조직, 공정한 보상, 불합리한 관행 제거의 노력을 하는 한편 Z세대에게도 그에 상응하는 조직과 업무에 대한 책임의식을 요구하고 있는 것으로 분석된다. 전문성의 중요도가 낮아진 것은 직무중심 채용이 확산되어 대졸 취업자들의 직무 관련 지식과 경험이 상향 평준화되었고, 지원자들이 일정 수준의 전문성을 갖추고 있어 인재상으로 강조할 필요성이 낮아진 것으로 분석된다. 〈표 7-2〉는 창의성이 강조되던 2008년부터 책임의식이 부각된 2023년에 이르기까지 인재상 순위 변화를 보여 주고 있다.

표 7-2 **인재상 순위 변화**

순위	2008년	2013년	2018년	2023년
1	창의성	도전정신	소통 · 협력	**책임의식**
2	**전문성**	**주인의식**	**전문성**	도전정신
3	도전정신	**전문성**	원칙 · 신뢰	소통 · 협력
4	원칙 · 신뢰	창의성	도전정신	창의성
5	소통 · 협력	원칙 · 신뢰	**주인의식**	원칙 · 신뢰
6	글로벌 역량	열정	창의성	**전문성**
7	열정	소통 · 협력	열정	열정
8	**주인의식**	글로벌 역량	글로벌 역량	글로벌 역량
9	실행력	실행력	실행력	실행력
10				사회공헌

출처: 대한상공회의소(2023).

〈표 7-3〉는 국내 주요 대기업의 인재상 관련 내용을 정리한 것이다. 관심 기업 혹은 목표 기업뿐만 아니라 전체 내용을 살펴보면서 자신의 실력, 태도, 마음가짐에 대해 돌아보고 포부를 키워 가는 자료로 활용하면 좋을 것이다.

표 7-3 국내 주요 대기업 인재상

기업명	인재상
삼성	• 끊임없는 열정으로 미래에 도전하는 인재 • 창의와 혁신으로 세상을 변화시키는 인재 • 정직과 바른 행동으로 역할과 책임을 다하는 인재
SK	• 자발적이고 의욕적으로 두뇌를 활용하는 인재 • 스스로 동기부여하여 높은 목표를 도전하고 기존의 틀을 깨는 과감한 실행을 하는 인재 • 그 과정에서 필요한 역량을 개발하기 위해 노력하여 팀워크를 발휘하는 인재
포스코	• 주인의식과 책임감을 가지고 매사에 결단력을 발휘하여 남보다 앞서 솔선하는 인재 • 겸손과 존중의 마인드로 상생을 실천하고 희생과 봉사의 자세를 추구하는 인재 • 본연의 업무를 몰입하여 문제에 주도적으로 새로운 아이디어를 적용하는 인재
현대	• 미래를 예측하고 변화를 주도하는 인재 • 긍정적으로 생각하고 실천하며 스스로 판단하여 행동하고 책임지는 인재 • 부단한 자기개발로 항상 새로운 인재 • 부지런하고 검소하며 정직하고 예의 바른 인재
네이버	• 자신이 네이버의 얼굴이라는 책임감으로 겸손한 자세를 유지하는 인재 • 고객에게 최고의 가치와 만족을 창출하기 위해 창의적이고 혁신적인 사고로 업무에 임하는 인재 • 끊임없는 열정으로 업무에 대해 도전하고 네이버에 상충되는 사적인 활동이나 관계를 만들지 않는 인재 • 원활한 커뮤니케이션 및 상호 신뢰를 바탕으로 문화적 편견을 담은 행동을 하지 않는 인재
카카오	• 가 보지 않은 길을 두려워하지 않는 인재 • 무엇이든 본질만 남기고 처음부터 다시 생각해 보는 인재 • 나보다 동료의 생각이 더 옳을 수 있다는 믿음을 가지고 있는 인재 • 스스로 몰입하고 주도적으로 일하는 인재 • 세상을 선하게 바꾸려고 노력하는 인재

LG	• 꿈과 열정을 가지고 세계 최고에 도전하는 인재 • 팀워크를 이루며 자율적이고 창의적으로 일하는 인재 • 고객을 최우선으로 생각하고 끊임없이 혁신하는 인재 • 꾸준히 실력을 배양하여 정정당당하게 경쟁하는 인재
CJ	• 정직하고 열정적이며 창의적인 인재 • 글로벌 역량을 갖춘 인재 • 전문성을 갖춘 인재
롯데	• 실패를 두려워하지 않고 성공을 위해 도전하는 패기와 투지를 가진 인재 • 젊음의 무모함이 아닌 진정으로 실력으로 성공을 쟁취하기 위해 지식과 역량을 계발하는 인재 • 협력과 상생을 아는 인재
한화	• 기존의 틀에 안주하지 않고 변화와 혁신을 통해 최고를 추구하는 도전적인 인재 • 회사, 고객, 동료와의 인연을 소중히 여기고 같은 목표를 위해 혼신의 힘을 다하는 헌신적인 인재 • 자긍심을 바탕으로 원칙에 따라 바르고 공정하게 행동하는 인재

출처: 네이버 카페 독취사(2022. 9. 9.).

(2) 미래인재 요건

제4차 산업혁명으로 명명된 디지털 전환 시대의 도래는 뜻밖에도 코로나19로 인해 급격하게 가속화되었다. 일자리의 소멸과 생성이 직접 체감될 정도였고, 생산양식의 변화는 물론 지금까지 당연하다고 여겨 왔던 교육과 학습양식도 또 다른 차원으로 빠르게 이행되었다. 제4차 산업혁명으로 촉발되고 코로나19로 인해 더 가속화된 사회·기술·경제 영역의 전방위적 변화에 대응하기 위해 지난 몇 년 동안 국가와 개인 모두 격변의 시기를 지나왔다. 마치 고비를 넘긴 듯한 현재이지만 상황은 언제든 바뀔 수 있다는 것을 우리는 경험을 통해 알게 되었다. 그러므로 우리는 이제 어떤 변화와 위기에도 대처해 갈 수 있는 능력과 감각을 증진할 필요가 있다. 최근 진로 및 경력개발 이슈를 종합하여 제4차 산업혁명 시대를 살아 낼 미래인재가 갖추어야 할 핵심 요건을 도출해 보면 다음과 같다.

① 인성

미래 능력으로서 '좋은 인성'이 중요해지는 시대가 온다. 제4차 산업혁명은 기술의 진보에 따른 양극화, 인명 경시 등의 사회적 문제 발생의 소지가 많으므로 올바른 가치관 및 태도가 인재의 역량으로서 요청된다. 특히 미래사회에는 정보나 지식은 인터넷과 인공지능을 통해 얼마든지 구할 수 있으므로 지식을 많이 가진 것보다 지식의 가공과 유통을 다루는 사람의 인성이 더 중요해진다. 게다가 놀라운 기술의 발전이 공공의 이익이 아닌 특정 집단의 이익을 위해 악용될 수 있는 위험성을 생각하면 더욱 그러하다. 그래서 앞으로 기업이나 국가는 인성이 좋은 사람에게 큰 점수를 줄 것이다. 능력도 중요하지만 제4차 산업혁명 시대의 전문성이란 인성과의 결합을 통해서라야만 온전하게 발휘되고 인정받게 될 것이다. 다시 한번 강조하지만, 미래사회는 인공지능과 경쟁하고 협력하면서 공존해야 한다. 일의 행위자든 도구든 사람이 주체로서 또는 주체적으로 통찰하면서 인공지능을 넘어서기 위해서는 시스템으로서의 인간, 즉 인간성이 가장 중요함을 유념해야 한다. 그래서 미래 학교에서는 인성이 중요한 교육 주제로 부상할 것이 예측된다. 좋은 인격과 성품은 길러질 수 있으며, 그것은 언제나 실천을 통해서 가능하다. 이에 학교 진로교육도 진로 인성교육으로서 재정향될 필요가 있는데, 삶과 진로에 대한 깊이 있는 탐색과 통찰, 그리고 실천을 보다 강조하게 될 것이다.

② 미래지향적 직업기초역량

미래지향적 직업기초역량이 강조되고 있다. 제4차 산업혁명은 학문과 분야의 경계를 넘어 기술을 융합하고 새로운 영역의 창조가 핵심이므로 이를 위한 기초역량의 배양이 중요하다. 이는 개인의 경력과정에 나타날 여러 가지 변화에 유연하게 대응할 수 있는 토대가 되어 주기도 한다. 다양한 특성의 인력과 팀을 이루고 심지어 인공지능과도 협업하며 업무를 수행해 낼 수 있어야 하므로 일에 대한 책임의식과 협업역량은 더욱 중요해진다. 문제해결능력과 학습역량도 중요해진다. 세계 경제 포럼이 발표한 2020년 Top 10 skills[1)]

1) The Future of Jobs(WEF, 2016)에 제시된 2020년 Top 10 skills를 말함.

중 최상위는 '복잡한 문제를 푸는 능력' '비판적 사고' '창의력' '사람관리' '협업(協業)능력'으로 나타났다. 특히 새로운 분야에서의 문제해결능력과 학습역량은 신기술에 대한 빠른 적응은 물론 융합과 통섭을 가능하게 하는 핵심역량이다.

③ 유연한 직업의식

미래인재 요건으로 유연한 직업의식 혹은 새로운 직업관이 요구된다. 일과 직업에 대한 올바른 가치관이나 태도에 대한 기본적인 관점은 대동소이하나 이전보다 직업에 대한 유연한 태도와 새로운 학습 및 도전에 대한 인식의 대전환이 요구된다. 이미 평생직장 개념은 사라지고 있고, 제4차 산업혁명 시대에 생애 동안 하나의 직업에만 종사하는 사람은 거의 없다고 봐야 한다(Savickas, 2006; Watts, 2008). 제4차 산업혁명 시대에는 매우 빈번한 직업전환과 경력적응이 반복될 수 있으므로 사회와 직업변화에 대비한 학습력과 유연성, 변화의 불확실성에 대한 이해와 적응력이 필수적이다. 프로틴 경력과 무경계 경력 등은 현재의 고용뿐만 아니라 미래의 고용능력도 중시해야 한다는 것을 의미하므로 경력관리에 있어 전략적 모호성(strategic ambiguity)[2)]도 취해 볼 수 있다. 전략적인 다중 경력관리를 통해 진로전환(career transition)에 대비하며, 건강한 호기심으로 새로운 직업과 기회를 지속적으로 탐색할 필요가 있다. 직업 성공을 추구함에 있어서도 고용주에게 의존하는 대신 자기 의존과 자신의 가치에 따라 행동하는 태도를 가져야 한다(Maree, 2013). 디지털 기술로 인해 개인의 맞춤형 제조가 가능해지면서 누구나 제품을 생산하고 유통할 수 있는 시대가 시작되는 만큼 발명, 창업, 창직을 주도하는 메이커스 마인드(maker's mind)도 필요하다.

④ 국경 없는 인력

글로벌 경쟁과 국경 없는 인력(borderless workforce)의 개념이 강조되고 있다. 기업의 채용과 인력관리가 국경과 물리적 거리를 초월하고 있으며, 핵심인력일수록 글로벌 현

---

2) 내 입장을 명확하게 밝히지 않음으로써 상대방이 명확하게 대처하지 못하게 해 전략적 이득을 취하는 것(중앙일보 사설, 2015. 6. 2.).

장의 다양한 경험을 쌓도록 하는 기업의 인력관리 시스템이 확산되고 있다. 이에 글로벌 역량의 중요성을 인식하고 경력의 준비단계인 대학 시기부터 차별화된 역량개발을 시작하여 국경 없는 인력으로서의 경쟁력을 갖출 필요가 있다. 단지 외국어 능력뿐만이 아니라 다양한 경험에 도전하면서 다문화적 소양과 실제적인 글로벌 역량을 길러야 한다. 진로목표 설정과 경력설계에 있어서도 글로벌 경력개발까지 고려할 수 있어야 한다. 이를 위해 평소 기업가 정신에 대해 배울 기회를 찾아보고, 글로벌 경력관리 혹은 해외 취업 및 창업 관련 정보를 꾸준하게 탐색해 보는 노력도 필요하다.

제4차 산업혁명 시대의 미래인재 요건을 살펴보면 기존 인재역량에서 크게 벗어나 있지 않으나 혁명적 사회 변화의 결과로서 결국 더불어 살아가는 인성의 중요성이 부상하는 것은 시사점이 크다. 그러므로 미래인재 요건을 인식하면서 제4차 산업혁명 시대로 나아갈 필요가 있다. 또한 그 여정에서 극적인 과학기술의 변화를 인간의 정체성과 세계관을 고찰하는 계기로 삼아야 한다. 과학기술 혁명을 어떻게 활용할지 더 많이 고민할수록 인간은 스스로는 물론이고 그러한 기술들이 구현되고 가능하게 할 근본적인 사회 모습 또한 더욱 면밀하게 살피게 될 것이다(Schwab, 2016). 그래서 새로운 시대의 직업인으로서 직업 문화의 재정립도 함께 이루어 내야 한다. 제4차 산업혁명 시대에는 지위재로서의 직업을 추구하는 문화를 탈피하고 자아실현을 위한 직업을 추구하는 문화로의 전환이 요청된다. 자기실현을 추구하는 직업선택이란 바로 '변화에 능한 경력(protean career)'이며, 궁극적 성공은 심리적 성공에서 온다. 그 심리적 성공의 방법은 개인에 따라 다양하여 여러 길(진로)이 있다(김안국 외, 2017).

2. 기업분석 기초 이해

1) 기업 이해

기업(enterprise)은 시장경제사회의 대표적인 조직의 하나로 영리를 목적으로 경제재와 서비스를 생산 · 유통하는 조직적인 개별 경제단위를 말한다(유필화 외, 2022). 오늘날 기업은 우리의 의식주를 해결하는 데 필요한 제품과 서비스를 생산하고 공급하는 경제적 기능을 수행할 뿐만 아니라 고용을 통한 소득의 원천임과 동시에 삶을 이어 가는 인간에 있어서는 생활의 터전으로서 기능하고 있다. 유필화 등(2022)은 기업의 본질적인 특징을 다음과 같이 제시하였다.

- 기업은 원료, 인력, 자본, 기술 등의 투입물을 재화와 서비스라는 산출물을 생산하고 공급하는 생산 경제단위이다. 기업은 가계(household), 정부(government)와 더불어 국민경제를 구성하는 개별 경제단위이다. 가계가 소비를 목적으로 하는 소비 경제단위인 데 비해 기업은 주로 인간의 욕구충족에 필요한 재화와 서비스의 생산과 공급을 목적으로 하는 생산 경제단위라는 점에서 차이가 있다.
- 기업은 비즈니스 활동을 효율적으로 영위함으로써 이윤추구를 목적으로 운용되는 자본체이다. 자본주의는 사회적으로 필요한 생산과 공급이 사적인 이윤추구를 목적으로 하여 이루어지는 사회이다.
- 기업은 구성원의 소득의 원천이요 생활의 터전이다. 기업이 사회가 요구하는 재화를 생산하는 것은 그 자체가 기업에 몸담은 사람들의 소득을 형성하고 복지 향상에 기여하는 것이다.
- 기업은 일반 소비자들의 수요를 창출하고 이를 만족시킨다. 기업이 재화와 서비스를 생산 및 공급하는 것은 사회가 필요로 하는 수요를 충족시키기 위함이다.

• 기업은 사회 시스템이기도 하다. 기업은 독자적, 영속적으로 존재하면서 인간이 필요로 하는 재화나 서비스를 생산, 공급하는 경제 · 기술 시스템인 동시에 경영과정에서 공해 방지, 환경보호, 불공정 거래 방지, 소비자 보호, 윤리 준수 등을 만족시키는 사회적 · 심리적 시스템이다.
• 기업은 자신을 둘러싸고 있는 여러 내외적 환경요인과 직간접적으로 끊임없이 상호작용하는 개방 시스템이다.

이처럼 기업은 경제 시스템이자 사회 시스템이라는 특징을 가진다. 이에 따라 기업의 목적도 경제적 목적과 사회적 목적으로 구분할 수 있다. 첫째, 기업의 경제적 목적은 기업 본연의 기능으로서 자본주의 경제 시스템에서 기업활동은 영리 추구가 본질적인 목적이 된다. 둘째, 기업의 사회적 목적은 사회가 기업에 기대하고 요구하는 역할을 기업이 자발적으로 수행함으로써 달성되며 기업의 사회적 책임이나 기업윤리라는 용어로 대체할 수 있다. 경제적 목적과 사회적 목적은 상호 보완적인 관계를 갖기 때문에 기업은 이 두 가지 목적을 균형 있게 추구하는 것이 바람직하다고 할 수 있다.

기업에서 수행되는 활동은 기능별 조직 구성을 기반한다. 전형적인 기업조직은 생산(운영), 마케팅, 재무라는 기본 기능(basic functions)과 회계, 인사, 구매, 보수, 산업공학, 경영 시스템 등 보조 기능(supporting function)을 수행한다. 운영 관리(operations management)란 여러 가지 원료와 부품의 구입과 이들을 변형한 제품 및 서비스의 생산과 관련된 기능을 말한다. 마케팅 관리(marketing management)는 생산된 제품이나 서비스의 판매, 광고, 판매 촉진 등과 관련된 기능을 말한다. 재무 관리(financing management)란 원료 구입, 인력 관리, 토지 임대 및 공장 설비에 필요한 자금 조달 등 자본을 관리하는 기능을 말한다. 〈표 7-4〉는 기업의 기능별 주요 활동을 보여 주고 있다.

표 7-4 기업의 기능별 주요 활동

구분	기능	주요 활동
기본 기능	생산	원하는 제품과 서비스의 생산에 필요한 원자재와 부품의 구매, 생산계획의 수립과 실행, 재고관리, 품질관리 등
	마케팅	제품과 서비스 개발, 가격결정, 판매촉진, 유통, 고객관리
	재무	자금의 조달 · 운용 · 배분
보조 기능	인적 자원	인력 고용, 교육, 양성, 동기부여, 임금관리, 노사관계
	경영 정보	정보의 수집 · 처리 · 분석 · 배분

출처: 유필화 외(2022).

2) 기업분석의 실제

(1) 대학생이 실시하는 기업분석의 목적과 목표

기업분석은 기업의 상태를 분석하는 것으로 기업경영분석에서 유래했다. 기업경영분석은 기업의 대차대조표, 손익계산서 등 재무제표나 각종 경영 관련 자료를 종합하여 기업의 재무 상태나 경영성과를 종합적으로 분석하는 것이다. 19세기 말 미국의 은행업자들이 대출 거래를 희망하는 기업의 신용 상태나 채무 상환 능력을 파악하기 위하여 대차대조표를 입수하여 분석한 것이 시초가 되는데, 초기의 경영분석은 여신자의 입장에서 기업신용을 판단하기 위한 신용분석이었으므로 대차대조표를 이용하여 재무 유동성을 분석하는 것이 주된 내용이었다. 단, 기업분석의 목적은 기업 내외의 이해관계자, 즉 분석을 실시하는 주체에 따라 달라진다. 그래서 실시 주체가 대학생인 경우에는 기업정보 분석이 정확한 표현이라 할 수 있다.

대학생이라면 대부분 다음 두 가지 목적과 관련해서 기업분석을 시도하게 된다. 첫째, 대학생이 졸업을 앞둔 시점에 입사지원 준비를 위해 기업분석을 실시할 수 있다. 이 경우에는 기업에 대한 자료 조사를 통해 기업의 비전이 나의 비전과 일치하는지 확인할 수 있고, 인재상과 조직 분위기를 살펴 기업에 애착을 갖고 철저하게 대비할 수 있게 된다. 특히 분석된 기업정보는 입사 서류와 면접 자료 준비에 유용하게 활용된다. 둘째,

대학생이 재학 중 관심 기업을 선정을 위해 기업분석을 시도해 볼 수 있다. 이 경우에는 기업분석의 결과로서 목표 기업을 선정할 수 있게 되어 진로설계와 진로준비의 구체화에 도움이 된다. 뿐만 아니라 진로선택 시 수집해야 할 기본적 · 필수적 기업정보에 대해 미리 배울 수 있어 기업분석 등 과제접근기술이 필요한 결정적 시기에 능숙하게 대처할 수 있게 되는 효과가 발생한다.

다소 미숙하더라도 재학 중에 기업분석을 시도해 보는 것은 어떤 측면에서든 도움이 된다. 단, 활동의 목적을 상기하면서 적절한 방법과 수준에서 기업정보를 수집 · 분석 · 정리해 보는 것이 추천된다. 대학생이 실시하는 기업분석의 목표는 기업정보의 체계적 이해를 토대로 자신의 성장단계에 맞는 효과적 활용에 둘 수 있다.

(2) 기업분석 틀

기업분석을 실시할 때 SWOT 분석과 같은 기법 혹은 분석 틀을 활용하게 되면 체계적인 정보 수집과 분석에 도움이 된다. 대학생이 기업분석을 실시할 때에는 기업분석의 기본 요소를 네 가지의 범주로 설정한 4P 분석 틀도 유용하다. 4P는 철학(Philosophy), 전문성(Profession), 사람(People), 혜택(Privilege)의 첫 글자로 만든 명칭이다. 각 범주에 포함되는 기업정보는 다음과 같다.

① **철학(Philosophy)**

기업철학, 기업비전, 경영이념 등 기업이 추구하는 철학과 가치에 관한 사항이 이에 해당하며, 회사의 연혁 및 역사, 사원 수, 조직 구성, 사업장 위치 등 회사 기본 정보도 포함할 수 있다.

② **전문성(Profession)**

사업 분야, 주력 제품, 핵심 기술, 산업 동향, 경쟁사 등 기업의 전문성이나 발전 가능성과 관련된 사항이 이에 해당하며, 기업의 실적, 재무적 안정성 등도 포함할 수 있다.

③ **사람**(People)

인재상, 기업문화, 기업의 사회공헌 활동 등 기업이 추구하는 사람 및 사회적 역할에 관한 사항이 이에 해당하며, 관련 인물, CEO 정보 등도 포함할 수 있다.

④ **혜택**(Privilege)

복리후생, 근무환경 등 회사로부터 얻을 수 있는 복지와 각종 혜택에 대한 사항이 이에 해당하며, 채용 특성, 채용 정보 등도 포함할 수 있다. 단, 혜택 관련 내용은 참고용으로만 활용하는 것이 좋다. 실제 채용지원 시 지원 서류나 면접에서 직접 언급하는 것은 감점 요소가 될 수 있으므로 주의가 필요하다. 〈표 7-5〉는 4P 범주별 기업정보를 보여 주고 있다.

표 7-5 **4P 범주별 기업정보**

철학(Philosophy)	전문성(Profession)	사람(People)	혜택(Privilege)
기업철학, 기업비전, 경영이념, 회사 기본 정보 등	사업 분야, 주력 제품, 핵심 기술, 산업 동향, 경쟁사, 실적, 재무적 안정성 등	인재상, 기업문화, 사회공헌 활동, 관련 인물, CEO 정보 등	복리후생, 근무환경, 채용 특성, 채용 정보 등

(3) 기업정보 수집방법

기업분석을 위해 해당 기업의 다양한 양적 · 질적 요소를 확인하기 위해서는 다음과 같은 다양한 정보원이 필요하다. 다음은 기업분석 시 활용될 다양한 정보원을 중요도를 고려하여 제시하고 있다. 〈표 7-6〉은 기업정보 제공 사이트 예시를 보여 주고 있다.

① **채용공고 내 통합기업정보**

실제 채용지원 시에는 우선 채용공고 내 통합기업정보를 확인한다. 대부분 채용공고는 통합기업정보 메뉴를 통해 요약된 기업정보를 제공해 주거나 기업정보 사이트와 연동해 준다.

② **기업 홈페이지 및 채용 사이트**

기업 홈페이지나 기업이 직접 운영하는 채용 사이트를 활용한다. '삼성 커리어스' '커리어두산' 등이 대표적이며, 기업 채용 사이트에서는 해당 회사의 직무 정보도 확인할 수 있다. 기업에 대한 참고 정보로 기업 SNS나 사보 등을 찾아볼 수도 있다.

③ **전자공시시스템 및 신용평가기관**

전자공시시스템과 신용평가기관에서 제공해 주는 정보를 활용한다. 국내에서 가장 공신력 있는 전자공시시스템으로는 금융감독원 전자공시시스템(DART), 한국거래소 전자공시시스템(KIND)이 대표적이다. 기타 기업분석자료를 제공해 주는 사이트로는 한국기업평판연구소, 한국신용평가, 케이리포트 등이 있다.

④ **기업 규모별 정보제공 사이트**

기업 규모별 정보제공 사이트를 활용한다. 워크넷 청년친화 강소기업 페이지, 중소기업현황정보시스템(SMINFO), 중견기업정보마당, 기업집단포털(eGroup) 등이 이에 해당한다.

⑤ **기사 검색**

기업 관련 기사를 검색한다. 필요한 경우 한국언론진흥재단 기사DB인 빅카인즈(BIGKinds)를 활용해 볼 수 있다.

⑥ **취업포털 사이트 및 취업카페**

취업포털 사이트, 취업카페 등을 활용한다. 워크넷과 연동된 주요 취업포털 사이트를 이용하는 것이 권장되며, 직무 분야 전문 사이트도 선별해서 활용할 수 있다.

⑦ **네트워킹**

네트워킹하면서 정보를 얻는다. 현장 방문, 현직자 인터뷰, 채용 설명회 등을 활용해 볼 수 있다. 인터넷 검색에만 의존하기보다는 직접 네트워킹하면서 정보를 수집하는 것은 매우 권장되는 활동이다.

표 7-6 **기업정보 제공사이트 예시**

사이트명	웹 주소
금융감독원 전자공시시스템 DART	http://dart.fss.or.kr
한국거래소 전자공시시스템 KIND	http://kind.krx.co.kr
한국기업평판연구소	http://rekorea.net
한국신용평가	https://www.kisrating.com
케이리포트	https://www.kreport.co.kr
청년워크넷	https://www.work.go.kr/jobyoung
중소기업현황정보시스템 SMINFO	https://sminfo.mss.go.kr
중견기업 정보마당	https://www.mme.or.kr
기업집단포털 eGROUP	https://www.egroup.go.kr
한국언론진흥재단 기사DB BIGKinds	http://www.kinds.or.kr

(4) 기업정보 용어 정리

기업정보란 기업과 관련된 정보로서 회사의 연혁, 경영이념, 기업문화, 근무환경, 채용 정보, 인재상 등을 말한다. 기업분석을 통해 이러한 기업정보를 충실하게 조사하려면 관련 용어에 대한 이해가 필요하다. 다음은 문헌(주해식, 2022)을 참조하여 정리한 기업정보 관련 용어이다.

① 기업문화

기업문화란 특정 기업의 직원이 지닌 공유된 가치 의식 또는 정신적 공감대라고 표현할 수 있다. 조직은 각 조직 나름의 독특한 문화를 가지고 있다. 한 사회, 한 국가의 문화가 저마다 고유하고 다른 것처럼 한 기업이 설립되어 시간이 흐르면 그 기업에 독특한 분위기나 풍토가 조성되며, 이를 기업문화라 한다.

② **기업철학**

기업철학은 사회 속에서 기업이 추구해야 할 가치는 무엇이며, 이러한 가치를 실현하기 위해 사회 속에서 기업은 무엇을 해야 하고, 어떠한 모습을 유지해야 하는가에 대한 기업의 가장 기본이 되는 사상적 지주, 즉 신념체계를 말한다.

③ **기업비전**

기업비전은 기업이 궁극적으로 어떠한 기업이 되고자 하는가를 보여 주는 미래를 향한 기업의 모습, 즉 기업의 목표이다. 따라서 기업비전은 기업철학에 근거하여 설정되어야 하며, 기업이 수행하는 제반 경영활동은 최종적으로 기업비전을 구현하는 데 도움이 될 수 있는 방향으로 이루어져야 한다.

④ **경영이념과 사원정신**

경영이념은 기업비전을 구현하기 위하여 회사, 즉 경영자가 어떠한 경영방식을 운영해야 할 것인가를 지도해 주는 원칙이다. 경영활동에서 중요한 결정이나 방향 설정은 경영이념에 비추어 어긋남이 없어야 한다. 이에 비해 사원정신은 기업비전을 구현하기 위하여 직원이 공통으로 가져야 할 정신이나 자세를 의미한다. 따라서 가장 바람직한 사원상은 사원정신에 투철하며 실천하는 사람이다.

Pilot 기업분석

- 관심 기업을 선정하여 기업정보를 조사한 후 내용을 체계적으로 정리해 봅니다.
- 분석 기업명:

철학 (Philosophy)	조사한 기업정보	분석 및 해석
기업철학, 기업비전, 경영이념		
회사 기본 정보		

전문성 (Profession)	조사한 기업정보	분석 및 해석
사업 분야, 주력 제품, 핵심 기술		
산업 동향, 경쟁사		
실적, 재무적 안정성		

사람 (People)	조사한 기업정보	분석 및 해석
인재상, 기업문화		
기업의 사회공헌 활동		
관련 인물, CEO 정보		

혜택 (Privilege)	조사한 기업정보	분석 및 해석
복리후생		
근무환경		
채용 특성, 채용 정보		

인재의 덕목[3)]

- 자신이 일과 삶을 통해 추구하고자 하는 덕목에 관해 숙고해 봅니다.
- 인재로서 조직과 사회에 긍정적인 영향력을 미치며 살아가는 데 자신의 덕목들이 어떻게 활용될지 미래 자신의 모습과 행동을 구체적으로 그려 보도록 합니다.

3) 덕목(德目)의 사전적 의미는 충(忠), 효(孝), 인(仁), 의(義)와 같은 덕을 분류하는 명목인데, 이 활동에서는 갖추어야 하는 능력, 자세, 관점, 가치 등도 포함함.

제8장

직업능력

학습 내용

1. 직업능력
2. 직무분석 기초 이해

학습 목표

■ NCS 직업능력에 대해 개략적으로 설명할 수 있다.

■ 직무정보 수집방법에 대한 기본적 이해를 토대로 직무분석을 시작해 볼 수 있다.

1. 직업능력

1) NCS 직업능력

직업능력을 이해하기 위해서는 국가직무능력표준(National Competency Standards: NCS)에 대한 이해가 요구된다. NCS는 산업현장에서 직무를 수행하기 위해 요구되는 지식·기술·소양 등의 내용을 국가가 산업부문별·수준별로 체계화한 것으로(「자격기준법」 제2조제2호), 산업현장의 직무를 성공적으로 수행하는 데 필요한 능력(지식, 기술, 태도)을 국가적 차원에서 표준화한 것을 의미한다(한국산업인력공단, 2015). 다시 말해, NCS는 산업현장의 직무 수요를 체계적으로 분석하여 제시함으로써 일, 교육·훈련과 자격을 연결하는 고리, 즉 인적자원개발의 핵심 토대로 기능하는 목적을 가진다. 대학생이 NCS를 활용하는 목적은 기업이 어떤 능력을 지닌 사람을 채용하고자 하는지 명확히 알고 이에 맞춰 직무능력을 키우는 데 둘 수 있다.

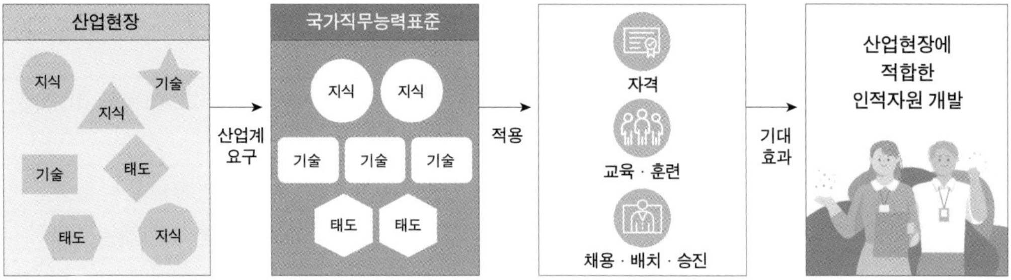

[그림 8-1] **국가직무능력표준 개념도**

출처: 국가직무능력표준 홈페이지(www.ncs.co.kr).

NCS에서 직업능력은 '직업인으로서 갖추어야 할 능력'으로서 해당 직무를 수행하는 데 필요한 역량(지식, 기술, 태도)으로 정의되며, 직업기초능력과 직무수행능력의 두 가지 요소로서 제시되고 있다.

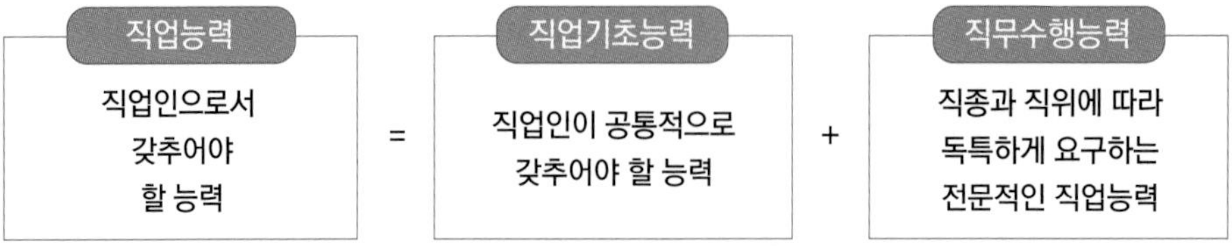

[그림 8-2] **직업능력 개념도**

2) 직업기초능력

직업기초능력은 '직업인이 공통적으로 갖추어야 할 능력'으로, 직종이나 직위에 상관없이 대부분의 직종에서 직무를 성공적으로 수행하는 데 공통적으로 필요한 능력(정철영, 1998)을 의미한다. 즉, 직업능력 중 대부분의 직업에서 공통적으로 요구하는 직업능력을 직업기초능력이라고 한다(정철영, 서우석, 2023). NCS 직업기초능력은 10개 영역과 34개 하위영역으로 이루어져 있는데, 각 영역과 하위영역의 개념 정의는 다음과 같다.

(1) 의사소통능력

업무를 수행함에 있어 글과 말을 읽고 들음으로써 다른 사람이 뜻한 바를 파악하고, 자기가 뜻한 바를 글과 말을 통해 정확하게 쓰거나 말하는 능력을 말한다.

문서이해능력	업무를 수행함에 있어 다른 사람이 작성한 글을 읽고 그 내용을 이해하는 능력
문서작성능력	업무를 수행함에 있어 자기가 뜻한 바를 글로 나타내는 능력
경청능력	업무를 수행함에 있어 다른 사람의 말을 듣고 그 내용을 이해하는 능력
의사표현능력	업무를 수행함에 있어 자기가 뜻한 바를 말로 나타내는 능력
기초외국어능력	업무를 수행함에 있어 외국어로 의사소통할 수 있는 능력

(2) 수리능력

업무를 수행함에 있어 사칙연산, 통계, 확률의 의미를 정확하게 이해하고, 이를 업무에 적용하는 능력을 말한다.

기초연산능력	업무를 수행함에 있어 기초적인 사칙연산과 계산을 하는 능력
기초통계능력	업무를 수행함에 있어 필요한 기초 수준의 백분율, 평균, 확률과 같은 통계능력
도표분석능력	업무를 수행함에 있어 도표(그림, 표, 그래프 등)가 갖는 의미를 해석하는 능력
도표작성능력	업무를 수행함에 있어 필요한 도표(그림, 표, 그래프 등)를 작성하는 능력

(3) 문제해결능력

업무를 수행함에 있어 문제 상황이 발생하였을 경우, 창조적이고 논리적인 사고를 통하여 이를 올바르게 인식하고 적절히 해결하는 능력을 말한다.

사고력	업무와 관련된 문제를 인식하고 해결함에 있어 창조적, 논리적, 비판적으로 생각하는 능력
문제처리능력	업무와 관련된 문제의 특성을 파악하고, 대안을 제시 및 적용하고 그 결과를 평가하여 피드백을 하는 능력

(4) 자기개발능력

업무를 추진하는 데 스스로를 관리하고 개발하는 능력을 말한다.

자아인식능력	자신의 흥미, 적성, 특성 등을 이해하고, 이를 바탕으로 자신에게 필요한 것을 이해하는 능력
자기관리능력	업무에 필요한 자질을 지닐 수 있도록 스스로를 관리하는 능력
경력개발능력	끊임없는 자기개발을 위해서 동기를 갖고 학습하는 능력

(5) 자원관리능력

업무를 수행하는 데 시간, 자본, 재료 및 시설, 인적자원 등의 자원 가운데 무엇이 얼마나 필요한지를 확인하고, 이용 가능한 자원을 최대한 수집하여 실제 업무에 어떻게 활용할 것인지를 계획하고, 계획대로 업무 수행에 이를 할당하는 능력을 말한다.

시간자원관리능력	업무수행에 필요한 시간자원이 얼마나 필요한지를 확인하고, 이용 가능한 시간자원을 최대한 수집하여 실제 업무에 어떻게 활용할 것인지를 계획하고 할당하는 능력
예산자원관리능력	업무수행에 필요한 자본자원이 얼마나 필요한지를 확인하고, 이용 가능한 자본자원을 최대한 수집하여 실제 업무에 어떻게 활용할 것인지를 계획하고, 할당하는 능력
물적자원관리능력	업무수행에 필요한 재료 및 시설 자원이 얼마나 필요한지를 확인하고, 이용 가능한 재료 및 시설 자원을 최대한 수집하여 실제 업무에 어떻게 활용할 것인지를 계획하고 할당하는 능력
인적자원관리능력	업무수행에 필요한 인적자원이 얼마나 필요한지를 확인하고, 이용 가능한 인적자원을 최대한 수집하여 실제 업무에 어떻게 활용할 것인지를 계획하고, 할당하는 능력

(6) 대인관계능력

업무를 수행함에 있어 접촉하게 되는 사람들과 문제를 일으키지 않고 원만하게 지내는 능력을 말한다.

팀워크능력	다양한 배경을 가진 사람들과 함께 업무를 수행하는 능력
리더십능력	업무를 수행함에 있어 다른 사람을 이끄는 능력
갈등관리능력	업무를 수행함에 있어 관련된 사람들 사이에 갈등이 발생하였을 경우 이를 원만히 조절하는 능력
협상능력	업무를 수행함에 있어 다른 사람과 협상하는 능력
고객서비스능력	고객의 요구를 만족시키는 자세로 업무를 수행하는 능력

(7) 정보능력

업무와 관련된 정보를 수집하고, 이를 분석하여 의미 있는 정보를 찾아내며, 의미 있는 정보를 업무수행에 적절하도록 조직하는 능력이다. 나아가 조직된 정보를 관리하며, 업무수행에 이러한 정보를 활용하고, 이러한 제반과정에 컴퓨터를 사용하는 능력을 말한다.

컴퓨터활용능력	업무와 관련된 정보를 수집, 분석, 조직, 관리, 활용하는 데 있어 컴퓨터를 사용하는 능력
정보처리능력	업무와 관련된 정보를 수집하고, 이를 분석하여 의미 있는 정보를 찾아내며, 의미 있는 정보를 업무수행에 적절하도록 조직하고, 조직된 정보를 관리하며, 업무수행에 이러한 정보를 활용하는 능력

(8) 기술능력

업무를 수행함에 있어 도구, 장치 등을 포함하여 필요한 기술에는 어떠한 것들이 있는지 이해하고, 실제로 업무를 수행함에 있어 적절한 기술을 선택하여 적용하는 능력을 말한다.

기술이해능력	업무수행에 필요한 기술적 원리를 올바르게 이해하는 능력
기술선택능력	도구, 장치를 포함하여 업무수행에 필요한 기술을 선택하는 능력
기술적용능력	업무수행에 필요한 기술을 업무 수행에 실제로 적용하는 능력

(9) 조직이해능력

업무를 원활하게 수행하기 위해 국제적인 추세를 포함하여 조직의 체제와 경영에 대해 이해하는 능력을 말한다.

국제감각	주어진 업무에 관한 국제적인 추세를 이해하는 능력
조직 체제 이해능력	업무수행과 관련하여 조직의 체제를 올바르게 이해하는 능력
경영이해능력	사업이나 조직의 경영에 대해 이해하는 능력
업무이해능력	조직의 업무를 이해하는 능력

(10) 직업윤리

업무를 수행함에 있어 원만한 직업생활을 위해 필요한 태도, 매너, 올바른 직업관을 말한다.

근로윤리	업무에 대한 존중을 바탕으로 근면하고 성실하고 정직하게 업무에 임하는 자세
공동체윤리	인간 존중을 바탕으로 봉사하며, 책임 있고, 규칙을 준수하며 예의 바른 태도로 업무에 임하는 자세

이러한 직업기초능력은 학교 정규 수업, 현장실습, 가정교육 등을 통해 기를 수 있으므로 관련 수업, 동아리 활동, 인턴십 등에 참여하면서 관련 역량을 제고할 수 있도록 노력하여야 한다.

3) 직무수행능력

직무수행능력이란 직종과 직위에 따라 독특하게 요구하는 전문적인 직업능력을 의미한다(정철영 외, 1998). 직무수행능력은 말 그대로 일을 해 나가는 능력이지만, 어떤 직무에 필요한 능력이 다른 직무에도 통용되는가 하면 그렇지 않기도 하다는 것이다. 즉, 직업기초능력은 대부분의 직업에서 공통적으로 요구하는 능력을 말하는 반면, 직무수행능력은 직종마다 독특하게 요구하는 능력을 의미한다(정철영 외, 1998).

직무수행능력은 현재 NCS 분류에 따라 대분류(24개), 중분류(81개), 소분류(271개), 세분류(1,083개)의 순으로 체계화되어 제시되고 있다. NCS의 분류는 직무의 유형(type)을 중심으로 NCS의 단계적 구성을 나타내는 것으로 한국고용직업분류(Korean Employment Classification of Occupations: KECO) 등을 참고하여 분류되었다. 〈표 8-1〉은 NCS 분류기준을 보여 주고 있다.

표 8-1 NCS 분류기준

분류	하위능력
대분류	주요 산업분야(industry)를 기준으로 구분 예 정보통신 등
중분류	주요 산업분야를 구성하는 하위 산업(sub-industry)을 기준으로 구분 예 정보기술, 통신기술, 방송기술 등
소분류	유사한 직업의 집합으로 직업군(occupation cluster)을 기준으로 구분 예 정보기술개발, 정보기술관리 등
세분류	주어진 업무와 과업이 높은 유사성을 갖는 유사한 직무능력의 집합(competency cluster)으로 직업(occupation) 정도의 크기로 구분 예 SW아키텍처, 응용SW엔지니어링, DB엔지니어링 등

출처: 국가직무능력표준 홈페이지(www.ncs.go.kr).

직무수행능력에 대한 보다 상세한 내용은 NCS 홈페이지(www.ncs.go.kr)의 'NCS 및 학습모듈검색' 메뉴에 방대한 양이 수록되어 있으므로 직무별 세부 내용은 검색을 통해 확인해 보도록 한다. 진로대안에 적합한 직무수행능력을 기르기 위해서는 이와 같은 직무정보도 알아야 하고, 그리고 무엇보다 해당 직무 관련 이론과 실제에 대해 체계적으로 공부해야 한다. 특히 직무에 대한 이론뿐만 아니라 직무 실무역량을 제고하는 것이 중요하다. 직무에 대한 정확한 이해를 바탕으로 실험실, 현장실습, 인턴십 등 최대한 현장 경험을 쌓는 것은 직무수행능력을 기르는 효과적인 지름길이다.

2. 직무분석 기초 이해

1) 직무분석 관련 용어

직무분석과 관련된 구체적인 과정과 기법을 살펴보기에 앞서 직무분석 관련 용어의 의미를 먼저 이해할 필요가 있다. 왜냐하면 직무분석의 결과로 작성된 직무기술서가 직무를 기술한 것인지 직위 또는 단순한 일을 기술한 것인지를 알 수 없는 경우가 많기 때문이다. 직무분석 관련 용어를 정확하게 이해하는 것은 직무분석의 기초를 공고히 하면서 NCS 직무기술서를 비롯한 각종 직무기술서를 올바르게 활용하는 안목을 기르게 해줄 것이고, 특히 대학생이 직무분석을 실시할 경우에 목적에 맞는 효과적인 직무기술서를 작성하는 데 도움이 될 것이다. 다음은 관련 문헌(주해식, 2022)을 참조하여 정리한 직무 관련 용어이다.

(1) 과업

과업(task)은 특정한 목적을 위해 수행되는 구체적인 작업활동(육체적 · 정신적 노력), 즉 '일'을 지칭하며, 분업 및 분담이 가능한 직무를 구성하는 가장 작은 작업활동 단위라고 할 수 있다. 예를 들면 '신규 거래선을 방문하여 상품거래를 하고 새로운 거래계약서를 작성 및 체결하는 일'은 영업이라는 목적을 달성하였고, 분담이 가능한 정도까지 수립된 일이다. 과업은 사람과 일의 조합을 생각할 때 기초가 되는 것으로서 직무분석의 대상이 되는 최소 단위이다.

(2) 임무

임무(duty)는 개별 직원이 수행하는 여러 과업의 집합을 말한다. 이와 비슷한 개념인 책임(responsibility)은 주어진 과업과 임무를 수행해야 할 의무(obligation)를 말한다. 임무라고 말할 때는 책임이라는 개념에 비해 의무의 성격이 약하다고 할 수 있다. 예를 들어, 인적자원관리자가 수행해야 할 임무 중 하나로 '임금조사 수행'을 들 수 있는데, 이러한 임무는 임금조사 설문지 개발 · 배포 · 수집, 설문조사 결과 분석, 임금조사 결과보고서 작성 등의 과업으로 이루어진다고 볼 수 있다.

(3) 직위

직위(position)는 조직의 위계적인 의미로 개별 직원이 현재 수행하고 있으며, 또는 수행하게끔 되어 있는 일의 집합을 말한다. 따라서 개별 직원이 수행할 모든 일의 집합을 직위라고 하며, 수행해야 할 일의 일부만 가지고는 직위라고 하지 않는다. 직위란 하나 그 이상의 과업으로 구성되기도 하고, 가장 단순한 직위는 하나의 과업만으로 매일 반복하는 극단적인 경우도 있게 된다. 다시 말해, 직위란 특정 시간과 장소에서 특정한 직원에게 주어진 과업의 집단(a group of task)이며, 이는 조직 내 직원 개인의 위치라고도 할 수 있다. 따라서 직위의 수는 조직 직원의 수와 같다고 볼 수 있다. 만약 어떤 조직 내의 업무를 4명이 맡아서 하고 있다면 4개의 직위가 있다고 할 수 있는데, 다만 개별 직원이 맡아서 하는 일에는 다양한 종류가 있다.

(4) 직무

직무(job)란 동일하거나 유사한 직위의 집단(a group of position)이다. 즉, 직무란 과업의 효과적인 수행과 직원 업무능력의 유효한 활용을 목적으로 설정한 다른 과업과는 구별되는 일정한 책임과 임무 및 조건을 가진 노동력 관리의 단위이다. 직위는 현실로 존재하는 단위이지만, 직무는 새롭게 설정된 단위이며 노동을 일과 연관을 지어 유효하게 활용하기 위하여 관리하는 기초적인 역할을 갖는 것이다. 한 사람이 행하고 있는 일의 단위가 직위라면, 비슷한 직위별로 분류하여 이를 종합한 것을 직무라 한다. 따라서 직무의 수는 조직 규모가 작은 경우 직위의 수와 같을 수도 있지만, 대부분 직무의 수는 직위의 수보다 적은 것이 보통이다.

(5) 직렬, 직군, 직부

직렬(occupational series)은 직무보다 크고 직군보다 작은 단위다. 같은 계열의 직무군을 직렬이라 말하며, 유사 계열의 직렬군을 직군이라 말한다. 직군(occupational group)은 동일하거나 유사한 작업 수행자의 특성 및 기능을 요구하거나 대칭이 되는 과업을 요구하는 여러 직무를 한데 묶은 것(a group of job)을 말한다. 예를 들면, 생산직, 영업직, 관리직 등이 이에 해당한다. 직부(occupational division)는 제일 큰 분류로서 보통 사무직과 기능직으로 구분된다.

2) 직무분석의 실제

(1) 대학생이 실시하는 직무분석의 목적 및 목표

직무분석(job analysis)이란 일반적으로는 인간의 노동력을 과학적이고 합리적으로 관리하기 위한 기초작업으로 직무의 내용을 체계적이고 과학적으로 조사하는 절차를 의미한다(장원섭, 2021). 직무분석을 통하여 그 직무에 어떤 작업들이 포함되어 있으며, 직무를 잘 수행하기 위해 갖추어야 할 지식, 기능, 능력, 책임에는 어떤 것들이 있는지, 그리고 그 직무가 다른 직무와 어떻게 구분되는지를 알 수 있다(이무근, 1999). 그래서 직무분석은 주로 기업에서 인적자원관리의 바탕이 되는 기준과 방법을 제시해 주는 역할을 한다. 즉, 직무분석의 근본적인 목적은 직무와 관련된 정보를 수집 · 분석 · 정리함으로써 체계적이고 합리적인 정보를 제공하여 인적자원관리의 기반을 마련하기 위한 것이다(주해식, 2022). 하지만 대학생이 실시하는 직무분석의 목적은 기업에서 실시되는 그것과는 달라야 한다. 대학생이 실시하는 직무분석의 궁극적인 목적은 개인의 진로설계를 위한 직무 이해에 둘 수 있다. 이에 대학생이 실시하는 직무분석의 구체적인 목표는 다음과 같다.

- 직무분석 과정에서 해당 직무에 대한 이해도를 향상시킬 수 있다.
- 확장된 직무 이해를 기반으로 전공 관련 직무나 관심 분야 직무를 진로대안으로 선택할 수 있다.
- 직무분석 결과를 활용하여 역량개발 계획을 체계적으로 세울 수 있다.

종합해 보면, 대학생이 실시하는 직무분석은 진로(직무)설계를 위한 진로탐구와 역량개발의 의미로 실시될 필요가 있다. 따라서 대학생이 직무분석을 이해할 때는 다음 정의를 염두에 두는 것이 적절할 것이다. 직무분석이란 "직업을 구성하고 있는 일의 전체, 그 직무를 완수하기 위해 담당자에게 요구되는 경험, 기능, 지식, 능력, 책임 등 그 직무가 타 직무와 구별되는 요인을 도출하는 작업"(한국산업인력공단, 2015)이다. 간단히 말하자면, 직무분석이란 직무와 관련된 정보를 체계적으로 수집 · 분석 · 정리하는 과정인데, 직무와 관련된 사실을 조작적으로 기술하는 절차로서 직무연구(job study)라고도 부른다. 이러한 직무분석 혹은 직무연구가 대학생에게 중요해진 것은 기업에서 인재를 채용할 때 가장 먼저 고려하는 것이 '직무에 적합한 사람'이기 때문이다. 그러므로 직무분석의 방법을 학습하고 직무에 대해 올바르게 이해하는 것은 해당 직무 분야의 입직에도 필요할 뿐만 아니라 향후에 전문가로 성장할 수 있는 기초를 다지는 일이라 할 수 있다.

(2) 직무기술서와 직무명세서

기업에서 직무분석을 실시할 때에는 데이컴(DACOM)법[1] 등의 직무분석 기법을 직무분석의 목적에 맞게 활용한다. 하지만 대학생이 직무분석을 실시할 때에는 기업에서 실시되는 직무분석과는 목적과 수준이 다르므로 굳이 그런 기법들을 사용하지 않아도 된다. 대학생이 직무분석을 실시할 때에는 적절한 직무분석 서식을 선택해서 분석의 틀로 활용해도 좋다. 직무분석의 기본적 사항들이 명시된 서식을 기반으로 직무정보를 체계적으로 수집 · 분석 · 정리하게 되면 직무에 대한 체계적 이해가 가능해지는 것이다. 대학생의 진로(직무)설계 측면에서 어떤 직무를 고려해 본다면, 직무내용과 직무요건 그리고 직무에 따른 보상 등 세 가지 측면에서 살펴볼 수 있다.

- 직무내용(job contents): 특정 직무를 수행하는 목적과 그 직업에 포함된 과업 · 행동 · 의무 · 관계 · 책임 등
- 직무요건(job requirements): 특정 직무를 효과적으로 수행하는데 필요한 지식 · 능력 · 기능 · 자질 등을 말한다.
- 직무에 따른 보상(rewards and returns): 외재적인 것과 내재적인 것으로 구분한다.

1) 데이컴(DACUM)이란 'Developing A Curriculum'의 줄임말로 교육과정을 개발하는 데 활용되어 온 직무분석 기법을 말한다.

대학생이 직무분석을 실시할 때는 이러한 세 가지 측면에서 직무에 대한 정보를 수집 · 분석 · 정리해야 하는데, 그중에서 특히 직무내용과 직무요건은 직무분석의 결과로서 각각 직무기술서(job description)와 직무명세서(job specification)로 작성하는 것이 추천된다. 직무기술서와 직무명세서는 직무분석의 결과를 일정한 서식으로 정리 · 기록한다는 점은 같으나 구성요건에 있어 각각 직무요건과 인적요건을 중점적으로 다룬다는 차이가 있어 대학생이 직무를 체계적으로 이해하는 데 도움이 된다. 일반적으로 직무기술서는 직무내용 및 직무수행에 필요한 원재료, 설비, 작업 도구, 직무수행 방법 및 절차, 그리고 작업 조건 등을 강조한다. 직무명세서는 해당 직무를 수행하는 담당자가 갖추어야 하는 자격 요건, 즉 인적 특성을 중점적으로 다룬다. 〈표 8-2〉는 대학생이 실시하는 직무분석의 결과로 작성하게 되는 직무기술서와 직무명세서에 포함되는 사항의 예시를 보여 주고 있다.

표 8-2 **직무기술서 및 직무명세서**

직무기술서	직무명세서
• 직무 내용 요약(직무 개요) • 수행 과업 • 직무수행 방법 및 절차 • 사용되는 원재료 · 장비 · 도구 • 관련되는 타 직무와의 관계 • 작업 조건(작업집단 인원, 상호작용 정도, 작업 환경 등)	• 요구되는 교육 · 훈련 • 요구되는 기능 · 기술 · 자격 • 요구되는 지식 • 요구되는 정신적 특징(창의력, 판단력 등)과 요구되는 태도 및 행동 • 요구되는 작업 경험(관련 일 경험, 도움이 되는 관련 경험 등)

직무분석에서는 직무내용과 직무요건을 체계적으로 이해하는 것이 중요하다는 점에서 직무에 따른 보상은 별도로 다루어질 필요가 있다. 직무선택에 있어 보상은 개인에게 중요한 사항이나 대학생이 실시하는 직무분석은 그 목적이 역량개발의 기초 자료를 얻기 위함임을 유념해야 한다. 이는 사회 진출을 앞둔 시작단계에서부터 기업의 관점에서 자신의 역량을 평가하고 개발 · 관리하는 습관을 들이는 측면도 있다. 직무에 따른 보상에 주목하기보다는 직무능력에 대해 정확하게 알고 필요한 요건을 성실하게 길러

온 태도는 결국 드러나게 되기 때문이다. 기업은 그러한 태도를 보유한 사람을 직무에 적합한 인재로 선호한다. 그러니 대학생이 실시하는 직무분석은 한 개인이 전문가로 성장해 가는 첫걸음의 의미이기도 한 것이다. 그 밖에도 채용 · 선발 관련 정보, 동향 정보, 경력개발 모델 등에 대한 사항들도 함께 정리해 두면 도움이 된다.

(3) 직무정보 수집 방법

대학생이 관심 직무에 대한 정보를 수집하는 방법은 크게 온라인 수집 활동과 오프라인 수집 활동으로 구분할 수 있다. 일반적으로 대학생들이 실시하는 직무분석의 경우 온라인 중심의 수집 활동으로 이루어지기 쉬운데, 온라인 수집 활동과 더불어 오프라인 수집 활동을 통해 심도 있고 생생한 직무정보를 얻는 노력도 필요하다. 〈표 8-3〉은 직무정보 수집 방법을 보여 주고 있다.

표 8-3 대학생의 직무정보 수집 방법

출처	활동방식
채용공고에 안내된 직무 소개	온라인 수집 활동
회사 홈페이지 및 채용 사이트에 안내된 직무 내용	
국가직무능력표준(NCS) 학습모듈 자료	
워크넷 한국직업정보 및 직업동영상 등	
취업정보 사이트 직무 정보	
직무(진로) 관련 기관 · 협회 · 학회 사이트 정보 및 발간 자료	
직무 관련 전문 서적	오프라인 수집 활동
현장 방문 및 직무 전문가 인터뷰	

(4) 직무분석을 위한 NCS 주요 용어 이해

직무정보 수집 방법에서 특히 NCS는 기본적이면서도 중요한 출처가 된다. NCS는 표준이므로 보편적인 정보를 담을 수밖에 없어 각 회사의 직무특성을 구체적으로 담아내기에는 한계가 있으나 직무 기본 이해를 위해 추천된다. 따라서 NCS의 분류체계, 능력단위, 학습모듈, 수준체계, 수행준거 등 주요 용어에 대한 이해도 필요하다. NCS의 주요 용어를 살펴보면 다음과 같다.

① NCS 분류체계

직무의 유형을 중심으로 NCS의 단계적 구성을 나타내는 것으로, 2023년 기준 대분류(24개), 중분류(81개), 소분류(271개), 세분류(1,083개)의 순으로 구성되어 있다. 직무는 NCS 분류체계의 세분류를 의미하고, 원칙상 세분류 단위에서 표준이 개발되었다. 하지만 실제로는 조직의 상황에 따라 대분류나 중분류 아니면 어떤 회사에서는 능력단위가 직무가 될 수도 있다.

② NCS 능력단위

NCS 분류체계의 하위단위로서 NCS의 기본 구성요소에 해당하며([그림 8-3] 참조), 특정 직무에서 업무를 성공적으로 수행하기 위하여 요구되는 능력을 교육훈련 및 평가가 가능한 기능 단위로 개발한 것이다. 직무에 대한 구체적이고 객관적인 정보를 얻기 위해서는 NCS 홈페이지에서 NCS 능력단위의 내용을 검색하면 된다.

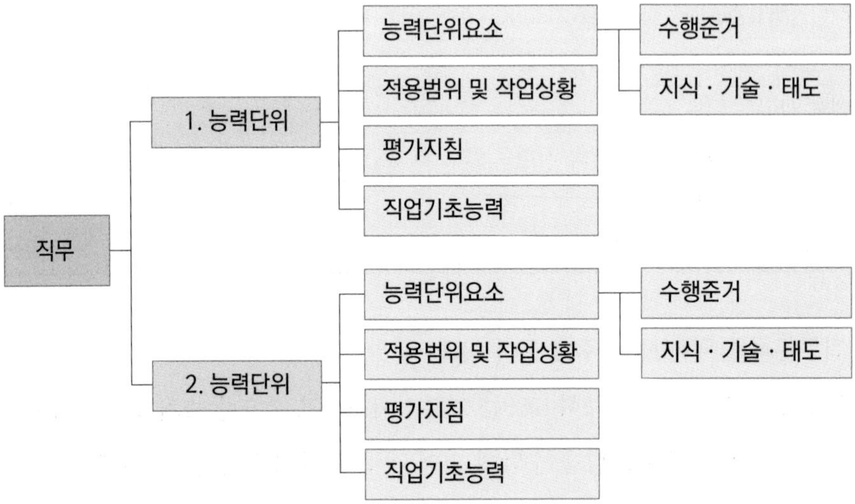

[그림 8-3] NCS 능력단위 구성

③ **NCS 학습모듈**

NCS의 능력단위를 교육훈련에서 학습할 수 있도록 구성한 '교수 · 학습 자료'이다. NCS 학습모듈은 구체적 직무를 학습할 수 있도록 이론 및 실습과 관련된 내용을 상세하게 제시하고 있는데, 희망하거나 관심 있는 직무에 대한 상세한 정보를 찾고 싶다면 무엇보다 NCS 홈페이지 상단에 있는 'NCS 및 학습모듈 검색' 메뉴를 활용하는 것이 우선 추천될 수 있다. 비서 직무를 예시로 들 때 NCS 정보 검색의 흐름은 다음과 같다.

> NCS 홈페이지(www.ncs.go.kr) 접속 → NCS 및 학습모듈 검색 → 분야별 검색 → 02. 경영 · 회계 · 사무 → 중분류 02. 총무 · 인사 → 소분류 03. 일반사무 → 세분류 01 비서 → 능력단위 자료 다운로드

④ **NCS 수준체계**

산업현장 직무의 수준을 체계화한 것으로 산업현장과 교육훈련과 자격을 연계하여 평생학습능력 성취단계를 제시하고 있다. NCS 수준체계는 8단계로 제시되고 있는데, 대졸 신입의 경우 일반적으로 3~4수준의 수행준거를 참고하면 된다.

⑤ **NCS 수행준거**

각 능력단위 요소별로 능력의 성취 여부를 판단하기 위해 개인들이 도달해야 하는 수행의 기준(지식, 기술, 태도)으로 능력단위 파일 안에 일목요연하게 제시되어 있다.

실습 1

전공 분야 JOB Search

• 다음 예시 표를 참조하여 전공 분야의 다양한 직무에 대해 알아봅니다.

직군	직무	역할	자질/역량
생산	생산관리	연간 또는 분기별 생산계획 수립 생산실행 및 인원 관리, 외주 관리 공정 관리 · 개선, 설비 · 장비 관리	대인관계능력, 리더십, 분석력, 합리성, 추진력
경영	구매	생산에 필요한 원자재 · 부자재에 대해 자재 가격, 공급업체 동향 등 시장조사 실시 원자재 · 부자재 구매, 구매 자재 입출고 관리	협상능력, 설득력, 사회성, 어휘능력, 분석력, 의사소통능력

• 자신의 전공을 기반으로 지원해 볼 수 있는 직무를 폭넓게 조사해 봅니다.

직군	직무	역할	자질/역량

실습 2

Pilot 직무기술서

- 희망 직무를 선정하여 직무정보를 조사한 후 내용을 체계적으로 정리해 봅니다.
- 분석 직무명: ____________________

요목	조사한 직무정보	분석 및 해석
직무 개요		
수행 과업		
직무수행 방법, 작업 환경		
사용되는 원재료 · 장비 · 도구		
관련되는 타 직무와의 관계		
작업 조건		

실습 3

Pilot 직무명세서

- 희망 직무를 선정하여 직무정보를 조사한 후 내용을 체계적으로 정리해 봅니다.
- 분석 직무명: ____________________

요목	조사한 직무정보	분석 및 해석
요구되는 교육 · 훈련		
요구되는 기능 · 기술 · 자격		
요구되는 지식		
요구되는 태도 및 행동		
요구되는 작업 경험		

전문성 정의하기

- 자신이 직업인으로서 추구할 전문성에 관해 숙고해 봅니다.
- 인재로서 조직과 사회의 성과와 발전에 기여될 나의 전문성을 어떻게 구성해 가고 어떻게 활용할지에 대해 구체적으로 작성합니다.

대학생을 위한
진로탐구와
역량개발

제 5 부

진로이야기 다시 말하기

제9장

진로이야기 재구성

학습 내용

1. 내러티브의 재구성과 생애진로주제
2. 진로신념의 재구성

학습 목표

- 새롭게 의미 부여된 자신의 진로이야기와 생애진로주제에 관해 말할 수 있다.
- 비합리적 생각을 분별해 자신의 진로신념을 새롭고 분명하게 인식할 수 있다.

1. 내러티브의 재구성과 생애진로주제

1) 내러티브의 재구성

정체성은 내러티브에 의해 형성되고 내러티브로 표현된다.

- McAdams(2001)

Savickas(2011)에 따르면, 우리는 자기에 대한 새로운 관점을 형성하고 일의 세계에서 새로운 앞날을 열기 위해서 새로운 말을 필요로 할 수 있다. 새로운 말을 함에 따라 새로운 세계를 만들 수 있기 때문이다. 그래서 우리는 습관적인 것을 그만두고 삶을 다르게 살아가고자 할 때 내러티브 정체성 작업을 수행할 필요가 있다. 즉, 삶의 이야기를 재구성(다시 말하기)하는 것인데, 이는 내러티브 정체성 혹은 자신의 생애진로 이야기 속 중심인물로서의 자신은 누구인지, 가장 자기답게 있을 수 있는 일의 세계는 어디인지, 무엇이 자신과 직업환경을 연결시켜 줄 것인지에 대한 이해를 증가시킨다(McMahon & Watson, 2015).

정체성의 내러티브 프로세싱은 먼저 중요한 사건들과 에피소드에 대한 작은 이야기들을 모으면서 이루어진다. 그런 다음 사회적 상황에서의 자기에 대한 작은 이야기들의 통합은 큰 이야기, 즉 내러티브를 구성한다(Neimeyer & Buchanan-Arvay, 2004). 큰 이야기는 과거의 경험에 대한 현재의 의미를 부과하기 때문에 자서전과 유사하다(Weintraub, 1975). 내러티브는 우리가 어떻게 세상을 만드는가를 말함으로써 자기 자신에게 자기를 설명해 주는 동시에 다른 사람들에게 자신을 설명해 준다. 이렇게 다른 사람들에게 생애이야기를 말하는 것은 자기 자신에 대한 자기의 생각을 확고히 하는 것일 뿐만 아니라 다른 사람들이 나에 대해 어떻게 생각하기를 원하는가를 그들에게 가르치는 것이기도 하다.

진로이야기를 더 명료하고 포괄적이게 해 주는 큰 이야기를 재구성할 때 진로구성 인터뷰는 작은 이야기를 모으는 데 활용된다. 진로구성 인터뷰는 사람들이 의미 있는 직업적 미래를 만드는 것을 돕는 데 효과적이다(Bujold, 2004). 이 과정은 삶에서 지배적인 문제(arc), 선택된 해결책(actor), 선호하는 환경(agent), 실행 가능한 대본(author), 행동계획에 대한 이해(advice)를 촉진해 준다.

2) 나의 생애진로주제

문제가 있었던 곳에서, 내가 되어야 한다.

- Freud(1953)

Adler는 세상과 개인의 관계를 일, 사랑, 우정이라는 세 가지 삶의 영역으로 나누었다. Adler는 이 세 가지가 서로 얽혀 있어서 하나가 변하면 다른 것들도 변하기 때문에 분리해서 다룰 수 없다고도 설명했다. 개인은 이 세 가지 영역에서 비슷한 방식으로 문제를 해결하고 만족을 얻으려는 경향을 가지고 있다. 우리는 세상과 협상하는 이러한 일관된 방식을 설명하기 위하여 '생애진로주제'라는 말을 사용한다. 생애진로주제(life career theme)는 자신과 타인 그리고 세계에 대한 생각, 가치, 태도, 신념을 표현하는 말이다(Gysbers et al., 2014). 생애진로주제는 다음과 같은 역할을 한다.

생애진로주제는 개인이 어떻게 문제를 해결하는지, 자기완성을 향해 어떻게 나아가는지, 그들의 커리어를 구성하는 안전, 권력 혹은 사람에 대해 어떻게 애쓰는지에 대해 직업적으로 제시하며, 그들의 삶의 이야기 속 주인공으로서 극복하려는 잠재적인 고통과 문제를 간접적으로 드러낸다(Del Corso & Rehfuss, 2011; Gysbers et al., 2014).

내러티브 재구성은 우리가 자신의 생애진로주제를 자각하며 자신이 원하는 이야기로 재구성하는 작업이기도 하다. 생애진로주제는 삶에서 무엇이 문제인가에 관한 것인데, 그 문제는 일의 의미와 목적을 부여하는 것으로서 사람들에게 중요한 문제가 된다(Gysbers et al., 2014; Savickas, 2011). 생애진로주제는 그 '문제'를 찾는 것으로 시작한다. 생애진로주제는 어린 시절에 해결하지 못한 상황과 불완전하게 형성된 상(image)으로 비롯되므로 초기기억의 질문을 통해 이전의 기억들, 위험한 사건이나 불완전하게 느꼈던 특별한 순간들을 이야기함으로써 자신이 사로잡혀 있는 문제의 원인을 이해할 수 있다(정문희, 2016).

생애진로주제는 바로 그 문제를 해결하는 데서 찾을 수 있다. 사람들에게 그 아픔을 줄이는 것은 생애탐색에서 지배적인 목표가 된다. 즉, 사람들은 자신이 수동적으로 견디던 것을 적극적으로 숙달함으로써 증상을 강함으로 전환할 수 있는데, 숙달을 위한 반복은 생애진로주제를 구성한다(Savickas, 2011). 일을 통해 자신을 드러내는 진로 관련 행동의 이유, 삶의 의미와 목적이 담긴 주제가 바로 생애진로주제이다. 생애진로주제는 객관적인 진리가 아닌 스스로 자각하는 방식이며, 개인의 자아와 정체성을 형성해 주기 때문에 중요하다(Del Corso & Rehfuss, 2011). 각 개인은 저마다의 생애진로주제를 가지고 있고, 자신만의 고유한 생애진로주제를 활용하여 의미 있는 선택을 하고 직업인으로서의 역할에도 적응해 나간다(임은미 외, 2017).

우리는 진로구성 인터뷰를 활용하여 우리 삶을 관통하는 주제들을 확인함으로써 삶에 대한 우리의 접근방식을 이해하기 시작했다. 예를 들어, 자신이 사람들과 함께 어울려 일하기 좋아하고, 다양성을 추구하며, 반복적인 일을 싫어하는 것을 알게 되었다면 그것은 중요한 정보를 얻은 것이다. 내 삶의 이야기로부터 얻어진 정보들을 모아 우리는 누구나 자신만의 생애진로주제를 구성해 낼 수 있다. 그것은 스스로 자신의 정체성을 원하는 모습으로 구성해 내는 일이다. 흥미, 적성, 가치관, 성격 등 우리가 가진 모든 특성은 의미화를 통해 나의 정체성을 구성하고 나 자신을 돕는 더 효과적인 진로자원도 될 수 있다. 우리는 자신의 경험에 새로운 의미를 부여할 수 있고, 자신의 미래를 긍정적으로 전망할 수 있는 존재이다.

Csikszentmihalyi(1997)에 따르면, 인간의 의식에는 유연성이 있으며, 다행히도 개인이 주도적으로 선택하여 현실을 바꾸어 놓을 수 있는 여지는 얼마든지 있다. 운명의 굴레를 박차고 나설 수 있는 가능성이 가장 높은 사람은 바로 이런 믿음을 가진 이들이다. 나의 내러티브를 다시 만들어 가는 작가는 바로 우리 자신이다.

2. 진로신념의 재구성

1) 청년 고용 동향

통계청(2020)이 발표한 청년 고용 동향 자료에 따르면, 2020년 3월 청년실업률(15~29세)은 9.9%로 IMF 외환 위기 이후 가장 높은 수치를 기록한 것으로 나타났다. 이는 전 세계적으로 불어 닥친 코로나19로 인해 전체 고용시장이 급격하게 얼어붙은 데다가 예상치 못한 경제위기 상황에서 기업들이 신규 채용을 크게 줄인 결과이기도 했다. 당시의 청년실업 급증 현상은 많은 시사점을 제공한다. 그간 청년실업 문제는 지속적인 경기 위축뿐만 아니라 경력 중시형 노동시장 변화, 교육-노동시장 간 괴리에 의한 인력 수급의 양적 · 질적 불일치, 이로 인해 발생하는 구조적인 문제, 수요 · 공급 간의 노동시장 정보 교류 미활성화 등 많은 복합적 요인에 의해 발생해 왔다. 그리고 팬데믹과 같은 예측 불가의 사태는 훨씬 더 막강한 영향력으로 고용환경에 영향을 미칠 수 있음을 뼈저리게 배울 수 있었다.

대졸 청년층의 취업난은 개인과 가정을 힘들게 하고, 사회경제적 손실을 넘어 사회병리적인 문제를 낳기도 한다. 따라서 청년실업 문제를 해결하기 위해 정부 차원의 다양한 정책도 필요하고, 대학은 교육과정의 현장성을 강화하면서 진로 및 직업지도의 내실화를 기해야 한다. 그리고 실제 취업의 주체인 대학생들도 이러한 청년층 취업 관련 실태와 최신 동향을 파악하면서 졸업 이후 취업에 실질적으로 대비할 수 있어야 한다. 청년이 고용정책에 대한 이해를 기반으로 대학의 교과 및 비교과 교육과정을 최대한 활용하며 자신의 진로역량을 증진하는 것은 어떠한 대내외적 환경변화에도 변함없이 바람직한 취업전략이다. 우리나라의 채용시장에 국가직무능력표준(National Competency Standards: NCS)이 도입된 이후 청년층 고용의 기본 방향성과 동향을 핵심 키워드를 중심으로 살펴보면 다음과 같다.

(1) 능력중심 채용

능력중심 채용의 기본 방향성은 여러 가지 변화의 상황 속에서도 계속 유지될 것으로 예측된다. NCS의 정의에 따르면, 능력중심 채용이란 NCS 기반으로 분석한 직무의 상세 내용 및 직무능력 평가 기준을 바탕으로, 학벌 등 불필요한 스펙(over-spec)이 아닌, 직무수행 현장에서 원하는 직업능력, 즉 해당 직무에 맞는 스펙(on-spec)을 갖추었는지 평가하여 직무에 적합한 인재를 선발하는 채용방식이다. 청년실업 문제의 원인은 기업들이 현장에서 원하는 직무능력과 청년들이 가지고 있는 직무능력 간에 불일치 현상이 발생한 것이기도 하므로 그러한 불일치 현상을 해결할 대안으로서 NCS가 제시되면서 NCS 기반 능력중심 채용이 함께 도입되었다. NCS는 산업현장에서 필요한 능력(지식, 기술, 태도)을 토대로 추출되었기에 청년 채용시장의 불일치 현상을 해결할 수 있는 대안으로 빠르게 부각되었다. 이에 정부 주도에 따라 공공기관을 중심으로 NCS 기반 채용이 확대되어 현재에 이른 것이다. 능력중심 채용은 정책이라는 점에서 향후 정권 변화에 따라 다소간의 영향은 있을 수 있겠지만, 능력 중심의 채용 기조는 사회 변화가 반영된 큰 트렌드라는 점에서 앞으로도 상당 기간 계속 유지될 것으로 예측된다.

(2) 직무능력과 온스펙

능력중심 채용 기조에 따라 직무능력과 그것을 입증할 수 있는 직무에 맞는, 즉 온스펙의 중요성은 계속 강조될 것이다. 그동안 많은 청년이 취업을 위해 대학에 들어가자마자 학점, 어학성적, 각종 공모 대회, 해외 연수 등 스펙 쌓기에 몰두하고 있을 뿐만 아니라 일부는 대학 졸업 이후에도 취업에 필요한 스펙을 쌓느라 취업을 미루는 현상이 발생해왔다. 게다가 대학 등록금 외에도 취업 사교육 등에 고비용을 지출하고 힘겹게 취업에 성공하고도 직장에 만족하지 못하고 이직을 하는 비율도 점차 증가하는 추세도 이어져 왔다. 취업과 적응에 도움이 되지 않는 이러한 소모적 스펙쌓기는 사회적 문제로까지 인식되었고, 이에 국가적 차원에서 채용문화의 전환이 이루어져 왔다. 블라인드 채용은 이러한 폐단을 척결하기 위한 대안으로서 시행된 대표적인 정책이다. 블라인드 채용은 2017년 하반기부터 공공기관을 중심으로 도입된 이후 대기업 등 일반기업 채용에도 적용되며, 현재는 채용방식의 기본 원칙으로 자리를 잡았다. 무분별한 스펙쌓기가 아닌 희망 직업(직무)분야의 직업(직무)능력을 입증할 수 있는 교육 및 활동 경험 등의 중요성은 앞으로도 계속 강조될 것이다.

(3) 수시 및 언택트 채용

수시 및 언택트 채용이 계속 확대될 것이다. 먼저, 수시 채용의 확대는 국내외 경제 상황이 악화되고 신입사원이 이직이나 퇴사를 하게 되는 기간도 점점 짧아지는 상황이 배경이 된다. 유출되는 인력을 공개채용으로만 채우기에는 역부족인 경우들이 발생하기 때문이다. 이러한 상황에서 기업에서는 수시로 생기는 결원을 수시 채용을 통해 선발하게 되었는데, 이러한 채용방식의 변화는 현장에 바로 투입되더라도 직무를 수행할 수 있는 직무 중심형 인재를 선호하는 채용 트렌드를 더욱 강화하고 있다. 실제로 인사담당자를 대상으로 한 설문조사 결과(잡코리아 취업뉴스, 2020. 3. 17.)를 살펴보면, 응답자의 55.1%가 '향후 채용환경에서 직무역량은 점점 더 중요해질 것'이라고 응답했다.

또한 코로나19로 인해 비대면 채용, 즉 언택트 채용이 취업시장의 보편적 방식이 되었다는 사실도 단순한 채용방식의 변화 이상으로 분석해 볼 필요가 있다. 많은 기업에서 언택트 채용방식을 도입했다는 것은 직접 대면을 통해 자기 자신의 역량을 어필하던 것과는 다른 새로운 전략이 필요하게 된 것이다. 초기에 화상 면접을 도입하면서 시작된 언택트 채용방식은 현재 채용 절차 전반에 적용되고 있다. 주요 기업들의 채용설명회는 유튜브(YonTube) 채널을 활용한 라이브 방송이나 메타버스를 활용하는 방식으로 바뀌었다. AI평가를 적용한 서류전형과 면접전형이 확대되면서 자기소개 동영상을 제출하거나 메타버스를 활용하는 사례도 늘었다. 그동안 기업들은 인재채용을 위해 많은 비용과 노력을 들여왔는데, 코로나19 이후 확대된 AI평가 및 언택트 채용방식은 여러 한계점에도 불구하고 채용의 효율성 및 효과성을 높여 준 것으로 평가되고 있다. 따라서 언택트 채용은 단지 팬데믹에 따른 일시적이고 임시적인 방편이 아닌 보다 합리적이고 경제적인 신입 채용방식으로 더 고도화될 전망이다. 따라서 앞으로의 고용시장에서는 향상된 디지털 리터러시 역량이 요구된다.

해마다 발표되는 고용 관련 지표들은 무조건 부정적 의미로만 해석하거나 성급한 일반화 모두 경계해야 한다. 끊임없이 변화되는 채용 동향을 주시하면서도 변하지 않는 인재 채용의 원리를 유념해야 한다. 그리고 의미 부여와 재구성의 의미와 힘에 대해 배운 우리는 진로와 관련된 양적·질적 정보들을 분석과 해석 과정을 통해 자신에게 유리하도록 지혜롭게 활용할 수 있다. 그 과정과 결과가 연결되고 이어지면서 진로이야기가 성장해 갈 것이다. 이야기의 성장이 곧 우리의 성장이다.

2) 비합리적 신념의 탐색과 재구성

Krumboltz는 사회학습진로이론을 통해 진로선택 과정에서 내담자가 진로와 관련하여 갖게 되는 신념(belief)의 중요성에 관해 설명했다. 이는 진로선택에 영향을 미치는 네 가지 요인(유전적 요인과 특별한 능력, 환경적 조건과 사건, 학습경험, 과제접근기술; 제3장 참조)에 의해 형성되는 것이다(임은미 외, 2017). 개인은 타고난 유전적 특성을 갖고 자신을 둘러싼 환경에서 다양한 일을 경험하며 자신이 해결할 수 있는 방식으로 문제를 해결하며 살아가는데, 이 과정에서 자신과 세상에 대해 나름의 신념을 갖게 된다. Krumboltz는 그것을 자기관찰 일반화와 세계관 일반화로 개념화하였다. 자기관찰 일반화(self-observation generalization)란 살아오면서 자신에 대해 관찰한 결과 얻어진 자신에 대한 일반화된 신념을 말한다. 세계관 일반화(worldview generalization)는 자신을 둘러싸고 있는 환경에 대한 일반화된 신념을 말하고 있다.

이러한 신념은 개인의 주관적인 생각이므로 어느 정도 오류가 있을 수 있고, 그중 도움이 되지 않는 역기능적 신념들은 진로선택에 방해가 될 수 있다. 비합리적 신념이란 현실적으로는 그럴 수 없거나 반드시 그런 것은 아님에도 불구하고 그렇다라고 단정지어 생각하는 것이라 할 수 있다(임은미 외, 2017). 따라서 진로개발 과정에서 우리가 가지고 있는 신념 중 진로 발달 및 선택에 걸림돌이 되는 생각, 가정(비합리적 신념)이 있는지 탐색해서 변화시킬 필요가 있다. 비합리적 신념은 개인의 특성, 환경 맥락, 사건, 관계 등이 복합적으로 작용한 결과인데, 진로상담에서 나타나는 비합리적 사고를 살펴보면 자신이 가지고 있는 비합리적 신념을 분별해 내는 데 도움이 된다. 진로상담 시 나타나는 비합리적 사고는 다음과 같다(Nevo, 1987).

- 나에게 맞는 직업은 세상에 한 가지밖에 없다.
- 완벽한 직업선택을 할 때까지 나는 만족할 수 없을 것이다.
- 누군가가 나에게 알맞은 직업을 찾아 줄 수 있다.
- 지능검사는 내가 얼마나 가치 있는지를 말해 줄 것이다.
- 나는 내 직업분야에서 크게 성공하든가 전문가가 되어야만 한다.
- 열심히 노력한다면 어떤 것도 할 수 있다. 혹은 내 재능에 맞지 않는 것은 어떤 것도 할 수 없다.
- 내 직업은 내 삶에서 중요한 사람들을 만족시켜야만 한다.
- 직업을 갖게 되면 내 모든 문제가 해결될 것이다.
- 나는 그 직업이 나에게 맞는다는 것을 직관적으로 느낄 수 있어야 한다.
- 한 번 직업선택을 잘하면 모든 것이 해결된다.

진로상담에서 나타나는 비합리적 신념을 살펴보면, 직업에 대한 잘못된 이해와 비현실적 기대, 상담에 대한 잘못된 이해와 비현실적 기대, 사회적 기대 충족 및 인정에 대한 과도한 욕구, 양질의 경험과 정보 부족 등이 원인이 되고 있다. 진로이야기를 다시 말하는 과정은 이러한 비합리적 신념을 가려내어 변화시키면서 우리가 가진 진로에 대한 생각을 새롭게 하는 것이다. 비교적 건강하고 올바른 진로신념은 훌륭한 진로발달과 선택의 토대이자 자양분이다.

실습 1

내러티브와 생애진로주제 다시 말하기

- 개인적 서사인 내러티브는 과거의 작은 이야기들이 현재와 연결되어 의미를 형성한 큰 이야기로서 진로구성을 통해 새롭게 인식한 일의 의미가 담겨 있습니다.
- 주관적 세계관인 생애진로주제는 진로 관련 행동의 목적과 이유를 나타냅니다.
- 진로구성 인터뷰를 통해 새롭게 인식하여 재구성한 나의 내러티브와 생애진로주제에 관해 이야기해 봅니다.

1단계: 새롭게 인식하게 된 '나'는 어떤 이야기를 살아 낸 사람인가요?

2단계: 나의 생애진로주제를 한 문장으로 작성해 봅니다.

실습 2

다시 쓰는 사명서

- 자기 사명서(mission statement)는 자기 인생의 목표와 의미를 표현한 글입니다. 자기 사명서는 인생이라고 하는 여행의 나침반이고 길잡이이며, 각자의 의사를 결정하고 행동을 선택하는 데 있어서 지침이 되는 개인 헌법의 역할을 해 줍니다. 자기 삶의 목적이 무엇인지, 그 목적을 달성하기 위해 언제, 어디서, 무엇을 해야 하는지, 어떤 사람이 될 것인지를 서술하는 짧은 글입니다. 글에는 가치관, 시대의식, 선천적인 재능, 최종 목표지점, 그리고 그곳에 도달하기 위한 구체적인 로드맵이 포함되어야 합니다. 또한 개인, 가족의 일원, 그리고 시민으로서 가진 책임과 의무를 다하며 사회에 봉사하려는 결의가 표현되어야 합니다(이창은, 우영효, 2015).
- 나의 사명서의 빈칸을 다음 내용으로 채워 완성해 보도록 합니다.

① 이름 ② 삶의 가치나 인생철학 ③ 나의 강점, 재능, 태도 ④ 목표, 내가 원하는 미래상 ⑤ 사회에 공헌하고자 하는 것

나의 사명서

나(①)는 내 인생을 통하여

(②)을/를 추구한다.

내가 가지고 있는 (③) 등을 활용하여

(④)을/를 이루어

(⑤)을/를 구현하겠다.

20 년 월 일

________________(서명)

'앎'과 '함'에 대하여

- 삶의 목적과 이유에 대해 앎으로써 하게 된 새로운 생각과 행동 그리고 마음에 대해 성찰해 봅니다.

제10장

목표설정과 역량개발

학습 내용

1. 목표설정과 학습계획 수립
2. 계획된 우연을 향한 실행

학습 목표

- 재학 동안 진로목표를 이루어 가기 위한 역량개발 실행계획서를 작성할 수 있다.
- 계획된 우연의 의미를 이해하여 대학에서의 경험을 전략적으로 선택할 수 있다.

1. 목표설정과 학습계획 수립

1) 목표

목표(goal)는 특정 행동을 하고자 하는, 또는 어떤 결과를 얻고자 하는 결심이라고 할 수 있다(Bandura, 1986). 주체적으로 자신의 행동을 이끌어 가는 개인은 미래의 행동을 조직 · 유도하고 자신의 행동을 지속하기 위하여 목표를 활용한다. 목표에 따른 행동의 결과는 단기간에 일어나는 것과 장기간 일어나는 것 등 매우 다양하다. 학업이나 진로는 장기간의 노력을 요구하며, 특정 결과가 나오기까지 인내와 지속적 노력을 필요로 한다. 그러므로 장기목표를 달성하기 위한 단기목표 또는 단계별 목표 등의 형태로 수행을 이끌어 갈 수 있게 해야 한다(김지연 외, 2022). 분명하고 확고하게 설정된 목표는 한 개인이 진로개발이나 진로선택 과정에서 겪게 되는 복잡하고 장기적인 어려움과 고난을 극복하고 지속적으로 몰입할 수 있게 한다(김봉환, 2019).

목표에 가장 많은 영향을 미치는 것은 자기효능감이다. 자기효능감(self-efficacy)이란 계획된 일을 수행하기 위해 요구되는 여러 가지 행동을 조직하고 실행하는 능력에 대한 개인의 신념을 의미한다(Bandura, 1986). 즉, 자기효능감은 자신의 능력에 대한 믿음과 신념이며(김지연 외, 2022), 구체적인 수행 영역과 관련된 역동적인 자기신념으로 과제 수행에 대한 자신감이라고도 할 수 있다(김봉환, 2019). 자기효능감이 높은 사람은 비교적 자신감이 있고, 처음 시도하는 일이나 어려움 일이라도 자신의 능력이나 잠재력에 대한 믿음이 있으므로 회피하거나 두려워하지 않고 도전적이고 다양한 노력을 통해 수행하고자 한다. 이러한 자기효능감은 학습을 통해 획득되는 신념으로, 특정 영역에 대한 자기효능감이 높으면 계속해서 그 영역에 몰두하고 성공할 가능성이 높아진다(황매향 외, 2020). 단, 자기효능감은 객관적으로 평가되는 실제 능력과 다를 수 있다. 그래서 자기효능감이 높은 사람은 실제 능력이 조금 떨어지더라도 자신이 잘할 수 있다는 믿음이 있으므로 수행을 회피하지 않고 지속적인 노력을 할 가능성이 크며, 결국 그러한 행동을 좋은 결과를 얻게 하는 효과를 낼 수 있다. 즉, 성취 경험은 자기효능감을 향상시키고, 자기효능감은 목표에 영향을 미친다. 따라서 실제 능력을 향상시키는 것뿐만 아니라 경험 속에서 자기효능감을 향상시키는 것도 중요하다.

좋은 목표를 설정하기 위해서는 다음과 같은 요건들을 충족할 필요가 있다. 좋은 목표란 도전적인 장기 및 단기 목표가 병행되는 명확하고 구체적인 행동전략으로서 실천 정도를 평가 · 수정할 수 있어야 하고, 성취를 위해 주변의 도움을 요청할 수 있어야 한다(조용개 외, 2010).

(1) 도전적인 목표

목표는 도전적이어야 한다. 도전적이라는 것은 현재 상태와 목표 사이의 괴리가 커서 성취하기가 어렵다는 뜻이다. 도전적인 목표가 있어야만 현재 상태를 벗어나기 위한 성취동기가 생긴다. 만약 괴리가 너무 작다면 목표로서의 가치가 떨어진다고 말할 수 있다.

(2) 장기목표와 단기목표의 병행

목표를 설정할 때는 도달하는 데 다소 어렵고 시간을 필요로 하는 장기목표와 노력하면 쉽게 달성할 수 있는 단기목표를 함께 설정해야 한다. 장기목표는 다소 포괄적이어도 상관이 없으나 단기목표는 구체적으로 세우는 것이 좋으며 당장 실행할 수 있는 계획이어야 한다. 장기목표일 경우에는 중간목표를 설정하는 것도 좋다.

(3) 명확하고 구체적인 행동전략

구체적으로 명확하게 세운 목표는 추상적이고 모호하게 진술한 목표보다 실천가능성이 훨씬 높다. 구체적인 행동전략은 자신의 통제 아래 스스로 할 수 있고, 즉시 시작할 수 있어야 한다. 예를 들어, 목표를 달성하는 데 있어 추가의 교육이 필요하다면 행동전략은 교육 이수와 관련되어야 하고, 몸매 관리가 필요하다면 운동 처방과 관련되어야 한다. 목표는 긍정문으로 진술한다.

(4) 실천 정도의 평가와 수정

목표 달성의 정도를 중간에 평가하고 과제 완성에 필요한 시간을 잘못 계산했다면 목표를 수정하고 계획을 변경할 수 있다. 그런 다음 다시 세운 목표와 실천한 것을 최종 평가할 수 있다. 진행 상황표를 작성하면 목표를 향한 진척을 쉽게 파악할 수 있을 뿐만 아니라 스스로 격려하면서 동기를 얻고 수행에 대한 솔직한 판단도 가능하다.

(5) 성취를 위한 도움 요청

나의 목표라고 해서 처음부터 끝까지 모든 것을 혼자 해야 한다는 생각을 말고 어려움에 직면했을 때는 친구나 선배 혹은 교수님에게 도움을 요청하는 것이 좋다. 혼자 문제를 해결하기보다 주변 사람들의 도움을 더하게 되면 혼자 예상하고 기대한 성과보다 더 많은 것을 이룰 힘을 얻게 된다. 목표를 이루는 데 있어 도움이 되는 사람은 경험자이다. 경험자는 목표를 수행하는 도중에 만날 수 있는 수많은 방해요소에 대한 정보를 가지고 있으므로 대비책에 대한 조언이나 든든한 지원을 제공할 수 있고, 뜻하지 않은 행운을 가져다주기도 한다.

2) 역량개발을 위한 학습계획 수립

대학생의 역량개발은 전공 학업 이수가 중심이 되어야 하고, 자기개발과 인간관계 확장을 위한 노력을 병행하는 방식으로 이루어져야 한다. 따라서 역량개발을 위한 학습계획은 전공 학업 이수 계획, 자기계발 계획, 인간관계 계획으로 구분해서 수립해 볼 수 있다.

(1) 전공 학업 이수 계획

전공 학업을 체계적으로 이수하는 것은 역량개발의 가장 중요한 과업이다. 그러기 위해서는 목표 직무에 대한 의사결정이 적기에 이루어져야 한다. 체계적인 진로탐구를 통해 목표 직무를 명확하게 설정하는 것이 가장 이상적이다. 하지만 완벽한 의사결정이 아니어도 괜찮다. 의사결정과 계획은 수정되는 과정이므로 상황에 따라서는 잠정적인 목표 직무라도 설정하여 전공 학업 이수 계획을 세워 볼 수도 있다.

① 목표 직무 관련 교과목 이수 계획

역량개발을 위한 학습계획 수립은 목표 직무 관련 교과목 이수 계획을 수립하는 것으로 시작한다. 최근 많은 대학이 학과 홈페이지를 통해 전공 교육과정 로드맵을 안내하고 있다. 또는 대학의 수강 신청 관련 시스템을 통해 최근 몇 년간의 학기별 개설 과목과 수업계획서를 열람할 수 있기도 하다. 결정한 목표 직무에 대한 충분한 직무분석이 이루어졌다면, 이러한 교육과정 정보를 참고하여 전공을 중심으로 자신의 교과목 이수 계획을 학년별 또는 학기별로 세워 볼 필요가 있다. 교과목 이수계획은 전공 관련 지식과 경험을 단계적, 체계적으로 쌓을 수 있는 역량개발 계획이어야 하고, 직무능력의 증빙자료로 제시할 수 있도록 전략적일 필요가 있다.

② 전공 및 목표 직무 관련 직무교육 이수 계획

목표 직무를 결정했고 전공 교과과정을 충실하게 이수하고 있는 대학생의 경우에는 좀 더 시야를 넓혀 전문 직무교육 참여도 선택해 볼 수 있다.

㉠ 대학 내 직무교육 프로그램

우선 자신이 소속된 대학의 비교과 프로그램으로 개설된 직무교육을 선택해 볼 수 있다. 소속 대학에서 직무교육을 이수하는 것은 접근성도 좋고 시간과 비용 면에서 효율적이다. 재학생 맞춤형의 교육 내용과 각종 지원 및 혜택 등 여러 가지 장점이 있다.

㉡ 외부 기관 · 기업 주관 전문인재 양성 교육과정

전공 및 직무 분야의 기관이나 기업 등에서 운영하는 전문인재 양성 교육과정에 참여해 볼 수 있다. 최근 직무능력의 중요성이 커지면서 이러한 전문인재 양성을 위한 교육과정들이 많아졌고, 실제로 여러 우수 사례를 통해서 교육생의 취업에 긍정적인 영향을 미친 것도 확인된다. 우선 정부 및 민간 기관에서 주관하는 교육과정에 참여할 때, 특히 민간기관일 경우에는 기관의 공신력을 잘 분별해서 선택해야 한다. 사설 교육과정을 잘못 선택하게 되면 시간과 비용을 낭비할 뿐만 아니라 불필요한 문제 상황도 발생할 수 있으므로 주의가 필요하다. 우수 교육과정의 경우 대부분 국비지원 프로그램이다. 단, 취업에 도움이 되는 권위 있는 교육과정일수록 선발 기준과 절차를 통과해야 기회를 얻을 수 있으므로 교육과정의 신청 자격, 신청 시기, 교육 기간 등을 미리 파악해 두고 준비할 필요가 있다. 대기업에서 운영하는 직무 전문인재 양성 교육과정도 추천된다. 현장에 바로 투입할 수 있는 실무 중심 프로그램이라는 점이 장점이다. 교육생으로 참여할 경우 주관 기업 취업 가능성도 열려 있지만 설사 그렇지 않은 경우에도 우수 직무교육을 이수한 이력만으로도 해당 분야 취업에 도움이 된다. 단, 내일배움카드제가 필요한 경우에는 대학 3학년부터 신청할 수 있다. 정확한 정보를 미리 파악해서 조기에 준비하고 재학 중에 경력개발을 시작할 수 있으면 목표 직무 분야 진출이 성큼 가까워질 것이다.

③ 전공 및 목표 직무 관련 일 경험 계획

전공 학업 이수 계획은 단지 지식적인 학습만이 아니라 직무능력의 체계적 증진도 고려해야 한다. 그러므로 전공 학업 이수의 측면에서 전공 및 목표 직무 관련 일 경험 계획을 수립해야 한다. 일 경험은 직무능력을 개발하기 위해서도 필요하지만 취업시장에서 직무능력의 보유 여부를 입증하기 위해서도 필요하다. 그래서 대학생들은 저학년부터 향후의 인턴십이나 현장실습 등 일 경험 계획을 염두에 두면서 전공 학업을 이수하는 것이 바람직하다. 대학생이 참여해 볼 수 있는 일 경험 기회는 국내 민간기업 인턴십, 해외 인턴십, 대학 국가지원 일 경험으로 나누어진다.

㉠ 국내 민간기업 인턴십

국내 민간기업 인턴십은 현장실습의 목적보다는 직원채용 제도로 활용되는 경우가 많아서 일 경험 기회를 얻는 과정도 실제 채용과정과 유사하다. 그래서 국내 민간기업

인턴십에 참여하려면 학생이 주도적으로 채용 일정과 지원 요건 등을 미리 파악해서 준비해야 한다. 모집 형태는 실제 지원 시 가산점이 주어지는 인턴과 정규직 전환이 가능한 인턴으로 나누어지는데, 주요 국내 대기업의 경우 상반기와 하반기로 구분해서 방학기간 인턴과 6개월 장기 인턴으로 나누어 모집한다.

㉡ 해외 인턴십

해외 인턴십의 경우는 민간기업을 통하는 방법도 있으나 정부에서 주관하는 해외 인턴십 프로그램을 활용하는 방법이 여러 가지 면에서 혜택이 크다. 대표적 프로그램으로는 한미취업연수(WEST) 프로그램을 들 수 있다. 장기(최장 18개월)와 단기(최장 6개월) 등 여러 프로그램으로 나뉘어 운영되므로 프로그램별로 학점과 어학 성적 등 충족해야 할 신청 자격 기준을 미리 확인하고 준비해서 도전해야 한다.

㉢ 대학 국가지원 일 경험

대학 내 국가지원 일 경험이란 대학의 교과과정과 교과 외 활동으로 제공되는 일 경험 기회를 지칭한다. 해당 시기에 원하는 프로그램에 참여하기 위해서는 저학년부터 과정의 종류와 신청 방법 등을 미리 파악해 두고 준비해야 하고, 적기에 신청해서 참여해야 한다. 우선 정규 교과과정에서의 일 경험 기회는 2학년부터 참여할 수 있는 표준 현장실습학기제가 있는데, 모두 학점 취득이 가능하다. 교과 외 활동으로 제공되는 일 경험 기회는 4학년에 참여할 수 있는 IPP 일학습병행 과정이 대표적인데, 실제 취업연계도 가능하다. 그 밖에 일 경험 기회의 대체재로는 한국장학재단 국가근로사업을 활용하는 방법도 있다. 국가근로 취업연계 사업, 교내외 일반 근로, 방학 집중 근로가 이에 해당하는데, 직무와 연결하여 활동의 의미를 부여하고 충실하게 참여한다면 직무능력을 기를 수 있을 뿐만 아니라 직무역량을 입증할 유용한 일 경험 스펙도 되어 줄 수 있다. 〈표 10-1〉은 대학 내 국가지원 일 경험을 예시로 정리한 내용이다.

표 10-1 **대학 내 국가지원 일 경험(예시)**

주관	사업명	대상	학점	신청 및 수행 기간	운영부서
교육부	표준 현장실습학기제	2~4(5) 학년	5/9 학점	- 신청: 2, 5, 8, 11월 - 수행: 3~6, 6~8, 9~12, 12~2월	현장실습 지원센터
고용 노동부	IPP 일학습병행 과정	4학년		- 신청: 3학년 2학기(9~12월) - 수행: 4학년 1학기(3~7월, 학교), 2학기(8~2월, 기업)	IPP 사업단
한국 장학 재단	국가근로 취업연계 사업	1~4학년		- 신청: 5~6월, 11~12월 - 수행: 6~8월, 1월	취업 진로처
	교내외 일반 근로	1~4학년		- 신청: 11~12월, 5~6월 - 수행: 3~8월, 9~2월	학생 복지처
	방학 집중 근로	1~4학년			

(2) 자기계발 계획

목표 직무 분야로의 입직을 위해서는 직무 관련 교과 이수는 물론이며 직무수행에 요구되는 자격과 요건을 충족하고 관련 경험도 쌓아야 한다. 대학생의 자기계발은 대학생활의 즐거움을 추구하면서도 직무능력 준비과정이 되는 계획으로 수립되면 더 좋을 것이다.

① 목표 직무 자격요건 취득

목표 직무에 입직하기 위한 자격요건을 파악하여 취득을 위한 계획을 수립해야 한다. 자격은 입직을 위해 필수적인 자격과 있으면 도움이 되는 자격으로 구분할 수 있고, 국가 자격과 민간 자격으로 구분해 볼 수 있다. 또는 장기적인 계획과 많은 노력을 통해 취득할 수 있는 자격과 단기적인 집중적 노력을 통해 취득이 가능한 자격으로 구분할 수 있고, 졸업 시 취득되는 자격과 재학 중에 도전해 볼 수 있는 자격으로도 구분된다. 따라서 자격요건 취득 계획을 세울 때는 목표 직무와 관련된 제반 자격 요건을 면밀하게 파악한 다음 자격의 위상, 난이도, 시기 등을 고려하여 장기 · 단기 계획을 수립해야 한다. 졸업 시점 자신의 포트폴리오에 채워질 직무 관련 자격증들은 이러한 치밀한 조사와 계획으로 만들어 낸 땀의 결실이다. 국가 자격 정보는 대부분 큐넷(Q-Net)을 통해 확인할 수 있고, 민간 자격 정보는 민간자격정보서비스 사이트와 해당 협회 및 학회를 통해 파악할 수 있다.

② 전공 및 목표 직무 관련 경험

전공 및 목표 직무를 중심으로 다양한 경험 계획도 수립해 볼 수 있다. 동아리 가입, 공모전 도전, 경진대회 및 각종 대회 참여 등이 해당한다. 동아리는 반드시 신입생 시기에만 가입하는 것은 아니다. 필요성이 인식되면 언제든 용기 내어 문을 두드려 보아야 한다. 공모전과 경진대회 및 각종 대회 참여는 공학, 디자인, 예체능 등 전공에 따라서는 거의 필수적인 과정이기도 하다. 최근에는 수업이나 교내 프로그램을 활용해서 프로젝트를 꾸리고 대회에 도전하는 다양한 지원제도가 많아졌다. 자신에게 적합한 기회를 잘 찾아서 뜻이 맞는 친구들과 함께 도전하는 경험들은 자기계발도 이루어 주고 스펙도 얻게 하면서 대학생활을 점점 더 보람되고 즐거운 방향으로 이끌어 줄 것이다. 다양한 경험에 대한 정보는 대학에서도 직접 제공하기도 하므로 대학생이라면 대학 홈페이지를 수시로 방문하면서 적합한 기회를 적기에 포착하는 노력을 기울일 필요가 있다. 그 밖에도 취업포탈에서 운영하는 취업 커뮤니티나 공모전 정보 공유 사이트 등에서 정보를 확인할 수 있다.

③ 자기계발을 위한 독서

자기계발을 위한 독서 계획도 수립해 볼 필요가 있다. 독서 역시 혼자서도 할 수 있으나 대학 내 독서클럽 등을 활용하는 방안도 추천된다. 최근 대학은 학생들의 독서를 장려하기 위해 비교과 교육이자 학생지원 제도로서 독서클럽 프로그램을 운영하는 사례가 많아졌다. 이러한 대학 프로그램에 참여하게 되면 대학생에게 꼭 필요한 지정 도서를 무료로 받을 수 있고, 독서 토론 특강이나 교수 멘토링 등 다양한 지원을 함께 받으면서 꾸준하게 책 읽는 습관을 키워 갈 수 있다. 자신이 도서를 선정할 때 전공 및 목표 직무가 고려되는 것은 여러모로 좋다. 전공과 목표 직무 분야의 지식을 쌓을 수 있는 책이나 인물을 통해 배울 수 있는 책을 선정해 볼 수 있다. 그렇게 되면 독서 이력은 이후 취업과정에서 재학 중 진로준비 과정과 지원동기로도 유용하게 활용할 수 있다. 그리고 고전을 읽는 것은 언제나 매우 좋은 선택이다. 고전은 인생의 비전과 목표를 세우는 데 필요한 교훈과 통찰을 제공하기 마련이어서 고전 읽기는 진로 읽기와 다르지 않다.

(3) 인간관계 계획

대학생의 진로개발에 있어 인간관계는 중요하나 실제로 학생들은 중요성을 크게 인식하지 못하기도 한다. 진로의 '준비'에만 초점을 맞추게 되면 '무엇'을 해야 하는지 그 내용만 생각하게 되기 때문이다. 앞서 대학생의 진로구성에서 주도성과 협력성은 중요한 방법이자 가치로서 중요하게 다루어져야 함을 확인했다. 대학생의 역량개발을 위한 학습계획 수립에는 인간관계 계획도 포함될 필요가 있다. 특히 네트워킹의 측면에서 인간관계 재구성을 시도해 볼 수 있다. 삼성그룹의 이건희 회장은 이미 1997년에 발간된 책에서, 정보시대에는 '어떻게 해야 하는가'라는 노하우(know-how)보다 엄청난 정보의 홍수 속에서 '어디에 가면 정보를 구할 수 있는가'를 아는 능력, 즉 노웨어(know-where)가 더 중요해진다고 했다(김금찬 외, 2020). 그래서 대학생의 인간관계 계획은 노웨어를 확충하기 위한 인맥, 즉 휴먼 네트워크를 확장하는 노력의 계획으로서 수립될 필요가 있다.

① 대학 내부 네트워크 확장

대학 내부 네트워크를 확장하며 공고히 한다. 학생회 활동이나 학과 활동에 참여하고, 교내 동아리에 가입하고, 비교과 활동에 참여하는 등 다양한 경험을 통해 대학 내부 네트워크를 확장할 수 있다. 확장된 인간관계망은 대학생활의 안정감을 높여 주고 정보를 공유하며 성장해 갈 수 있는 토대가 되어 준다.

② 대학 외부 네트워크 확장

대학 외부 네트워크의 확장도 시도해 본다. 기업 및 기관에서 주관하는 서포터즈, 홍보대사, 봉사단 등 각종 대외활동에 참여해 보는 노력이 이에 해당한다. 대외활동에 참여하면 다양한 배경의 대학생들과 자연스럽게 교류하는 기회가 생기면서 시야가 확장된다. 단, 때로는 다른 대학 친구들이 어쩐지 더 우수해 보이고 더 매력적으로 보이면서 위축감을 느낄 수도 있다는 점은 양날의 검이다. 대외활동에 참여할 때는 그러한 일시적 감정들을 오히려 성장 동기로 전환하는 긍정적인 자기인식과 자신감이 필요하다. 그렇게 되면 외부 네트워크는 확장된 진로정보망이 되고 스스로 돕는 힘이 될 수 있다. 또한 활동에 성실하게 참여하게 되면 주관 기업 관계자와 우호적인 관계를 맺게 되면서 우연적 기회의 가능성을 스스로 만들어 낼 수도 있다. 그 밖에도 대학 시기에는 종교생활을 통해 성실하게 인간관계를 넓히면서 영성을 기르는 것도 도움이 된다.

③ 친밀한 관계의 재정립

친밀한 관계의 재정립도 시작해 본다. 대학 시기의 가장 중요한 관계는 우정을 기반으로 하는 친구관계, 사랑을 기반으로 하는 연인관계, 그리고 가족관계이다. Erickson의 심리사회적 발달단계에서 성인 초기인 청년기는 친밀감을 발달시키는 단계이다. 그래서 동성 간 우정뿐만 아니라 이성 간의 친밀감도 잘 발달시켜 가는 것은 청년기의 발달과업으로서 매우 중요하다. 단, 발달 또한 저절로 이루어지지 않으며, 친밀한 관계 형성을 위해 노력해야 함을 유념해야 한다. 그리고 진로와 관련해서 중요한 관계는 가족관계인데 그중에서도 부모와의 관계를 재정립하는 일이 중요하다. 대학 시기는 성숙한 대인관계, 가치관 확립, 사회적 책임 등이 형성되는 시기이므로 부모로부터의 심리적 독립이 진로탐색행동에 긍정적인 영향을 미치게 되는데(주은지, 2018), 특히 진로준비행동에 정적 영향을 미치며(웅웬 티 반안 외, 2022), 심리적 독립의 하위요인 중 자기신뢰가 진로준비행동과 가장 높은 정적상관을 나타낸다(이현진, 강영배, 2021). 대학 시기에 나는 누구이며, 왜 그 일을 하려는지, 어떻게 그 일을 해내며 살아가고 싶은지에 대한 보다 명확한 자기인식이 필요한 이유를 다시금 확인할 수 있다. 대학생이 자신이 자기 삶의 주체임을 인식하고 부모가 아닌 자신의 소망으로서 진로를 선택하고 나아가려면 부모로부터의 심리적 독립은 꼭 필요한 과정이다.

2. 계획된 우연을 향한 실행

1) 계획된 우연

일반적으로 '우연'이란 어떤 사건이 아무런 인과관계 없이 뜻하지 않게 일어날 때 사용하는 말로, 개인이 통제할 수 없는 외부의 영향으로 인해 예기치 않게 일어나는 사건을 의미한다(김봉환, 2019). Krumboltz는 최근에 이르러 진로개발 과정에서 '우연(happenstance)'의 중요성에 주목하면서 초기의 사회학습진로이론을 현재의 우연학습이론(happenstance learning theory)으로 발전시켰다. 우연학습이론은 비교적 직업세계가 고정적이던 과거와 달리 인생에 걸쳐 여러 번의 주요 진로의사결정을 내리고, 변화무쌍한 환경에 맞추어 진로 방향을 수정해야 하는 상황을 반영하고 있다(김지연 외, 2022). 합리적 진로의사결정과 체계적 계획 수립은 우리가 진로를 준비하는 데 있어 여전히 기본적 원칙이자 방법이지만, 만약 환경이 변하면 목표 달성에 도움이 되지 않을 수 있음을 생각해야 한다. 새로운 기술, 환경, 직업, 일자리가 끊임없이 나타나는 제4차 산업혁명 사회에서는 과거의 정보를 바탕으로 수립한 계획 때문에 우연히 발생한 좋은 기회를 놓치는 사건이 일어날 수 있다. 우리의 진로개발 과정에 찾아올 수 있는 우연, 즉 '우연적 사건'이란 계획되지 않았거나, 예상치 못하게 발생하였거나, 또는 상황적이면서 예측할 수 없으며 때로는 의도하지 않았던 사건들과 관련된 것으로 진로발달과 행동에 영향을 미친다(Rojewski, 1999).

이처럼 개인의 진로에는 개인이 통제하기 어려운 '운'이라는 요인이 있는데 Krumboltz는 이것을 자신의 진로에 최대한 유리한 기회로 활용할 수 있도록 노력해야 한다고 주장했다. 그래서 진로상담에서 전통적으로 강조해 온 계획과 우연을 접목하여 '계획된 우연(planned happenstance)' 개념을 제안하였다. 계획된 우연이란 계획하지는 않았지만 우리의 생활에서 발생한 사건들을 개인적인 노력을 통해 기회로 만들고자 하는 능동적 과정을 포함하며, 수동적으로 운이 찾아오기를 기다리기보다는 우연을 기회로 만들기 위해 학습해야 한다는 것이다(손은령, 2009). 즉, 계획된 우연은 우연한 기회를 만들어 나가고 활용하기 위한 계획을 세운다는 뜻이며(김지연 외, 2022), 그것은 곧 진로 의사결정의 현실화를 위한 실행(action)의 강조로 해석할 수 있다.

우연학습이론에서는 계획된 우연을 만들고 활용할 수 있는 역량과 기술을 키우는 것의 중요성을 강조하며 우연한 기회를 자신의 진로발달을 촉진하기 위해 활용할 수 있는 능력을 '계획된 우연 기술(planned happenstance skill)'이라 부른다(Michell et al., 1999). 이는 넓은 의미로 과제접근기술(task-approach skill)인데(김봉환, 2019), 이러한 능력은 저절로 이루어지는 것이 아니라 교육하고 가르칠 경우 갖추게 되는 것이다(오현주, 2012). 자신의 우연적 기회를 인식하고, 이를 만들어 가며 활용하기 위해서는 다섯 가지 기술, 즉 호기심, 인내심, 유연성, 낙관성, 위험감수성을 개발해야 한다. 문헌(김봉환, 2019; Michell et al., 1999)을 참조하여 계획된 우연 기술의 하위영역과 그 의미를 살펴보면 다음 〈표 10-2〉와 같다.

표 10-2 계획된 우연 기술의 하위영역과 의미

영역	의미
호기심	새로운 학습 기회에 관심을 가지고 진로를 탐색하는 것으로, 우연적 사건으로 인해 생겨난 선택 사항을 추가하는 데 사용되는 기술
인내심	어려움에도 불구하고 노력을 지속하는 것으로, 과제를 해결하는 데 흥미만으로는 한계가 있으므로 호기심을 보완하는 기술. 자신에게 주어진 과제나 문제 상황을 포기하지 않고 실수를 반복하더라도 해내는 기술
유연성	태도와 상황을 변화시키는 것으로, 환경 또는 직업 상황이 변화할 때 이에 맞게 적절하게 대응하며 적응하는 기술
낙관성	새로운 기회가 올 때 또는 뜻하지 않은 일을 겪게 되었을 때 그것을 기회로 받아들이는 것으로, 문제 상황을 오히려 자신에게 도움이 될 수 있는 긍정적인 관점으로 볼 수 있도록 하는 기술
위험감수성	불확실한 결과 앞에서도 행동화하는 것으로, 때로는 계획에 없던 상황이나 문제 발생이 두려울 수 있지만 이를 극복하며 용기를 가지고 진로를 개척해 나갈 수 있는 지혜로서의 기술

Krumboltz는 실패가 두려워 도전을 피하기보다는 시행착오가 있을지라도 새로운 일들을 시도하고 실행하는 태도의 중요성을 강조하였다. 변화무쌍한 시대를 살아 내야 하는 지금의 대학생은 이러한 조언에 귀 기울여야 한다. 대학생이 계획된 우연을 효과적으로 사용할수록 미래 예측이 불가능한 상황에 대처할 수 있는 진로탄력성을 높일 수 있는데, 계획된 우연은 진로신념보다 진로탄력성을 예측하는 데 더 큰 영향력을 보인다고 한다(박완성, 김미숙, 2019). 대학생은 새로운 인식으로서 계획되지 않은 사건 또한 우리 삶의 일부분임을 수용하고, 과거에 계획되지 않은 우연적 사건을 효과적으로 다루었던 경험들을 상기하면서 새로운 데이터로서 자신의 진로신념을 개선해 가야 한다. 계획되지 않은 사건을 기회로 바라볼 수 있는 관점과 기술을 새롭게 갖추어 끈기와 패기로 경험을 선택하며 실행해 가야 한다.

2) 행복한 대학생활

지금까지 진로탐구와 역량개발을 주제로 대학의 교과과정으로서 진로학습을 수행하였다. 그 결과, 자기 삶에 대한 진정성 있는 태도로서 진로탐구를 수행하였고, 우리 자신이 내 삶의 주체임을 좀 더 명확하게 인식하면서 진로구성을 새롭게 경험하였기를 바란다. 그리고 이제 대학 시기에 해야 할 역량개발의 의미와 방법을 올바르게 이해하여 남다르게 실행할 수 있게 되었기를 바란다. 진로탐구도, 진로의사결정도, 진로구성도, 역량개발도 진로와 관련된 모든 개념과 과정은 실행을 통해 이루어 내는 것임을 다시 한번 강조한다. 스스로, 더불어 실행하는 과정에서 꿈은 현실이 된다.

대학생인 우리는 제4차 산업혁명이 몰고 온 변화무쌍한 사회 변화 속에서 미래를 대비하고 준비하며 그 어느 세대보다 열심히 바쁘게 살아가고 있다. 그리고 그 소용돌이 속에서 진로를 찾아 나아가는 우리의 모습은 각자의 사회적 상황과 문제를 안은 상태이다. 그래서 우리는 실행해야 할 어떤 시점에서도 행동할 수 없는 이유를 찾을 수 있다. 그럴 때 우리가 상기해야 할 것은, 진로는 언제나 '그럼에도 불구하고' 힘을 내어 그리고 용기 있게 일어나 나아가는 여정이라는 사실이다. '실행을 가로막는 여러 가지 이유가 있다. 그리고 나는 실행한다.'라는 생각으로 행동을 선택해야 한다. 우리가 함께해 온 진로학습은 그러한 생각과 행동을 지지하고 북돋는 격려의 의미이기도 하다. 진로학습의 첫 주제였던 행복(幸福)의 어원을 들여다보면 본래 그 말 속에는 행운의 의미가 들어 있었다. 인간이 일하는 목적은 행복하기 위함이며, 그래서 진로는 행복을 향한 여정이다. 진로의 의미를 이해했다면 실행(行)의 과정에서 행운(幸)을 일구어 복(福)을 만들어 내는 '행복(行福)한 대학생활'의 의미도 실현해 낼 수 있다. 그러기 위해 이제 자신만의 진로목표를 명확하게 설정하고 우연을 향한 구체적인 실행 계획을 실천해 보기로 한다.

역량개발 실행계획서

- 로드맵(road map)이란 앞으로의 계획이나 전략 등이 담긴 구상도나 청사진 등을 의미합니다. 추구하는 목표와 전략, 추진 일정 등을 큰 그림으로 그려서 한눈에 파악할 수 있도록 한 것입니다.
- 역량개발 실행계획서는 대학 재학 중에 함양해야 할 목표나 역량을 제시하고, 이를 갖추기 위한 학년별 또는 학기별 수강 과목이나 활동 등을 배열해 놓은 로드맵이라고 할 수 있습니다. 활동은 비형식 학습을 포함한 의미로, 비교과 프로그램 참여, 봉사활동, 동아리 활동, 대외활동 등 다양하게 선택할 수 있습니다.
- 역량개발 실행계획서를 작성하는 순서는 다음과 같습니다.

① 진로(직무) 목표 달성을 위해 함양해야 할 역량(지식 · 기술 · 태도)을 도출한다.
② 목표 직무 관련 역량 함양을 위한 전공 및 교양 교과목을 찾아보고 시기별로 배열한다.
③ 목표 직무 관련 교내 · 외 직무교육을 찾아보고 시기별로 배열한다.
④ 목표 직무 관련 일 경험(인턴십, 현장실습, 아르바이트 등)을 찾아보고 시기별로 배열한다.
⑤ 목표 직무 관련 자격요건(국가 자격 등)과 기본 자격요건(전산, 어학 등)을 찾아보고 시기별로 배열한다.
⑥ 기타 경험(동아리, 공모전, 대외활동, 비교과 프로그램, 독서 등)을 찾아보고 시기별로 배열해 본다.
⑦ 최종 실행계획서를 자유로운 방식으로 시각화한다.

- 대학 시기 동안 함양해야 할 역량과 경험을 작성해 봅니다.

진로(직무) 목표	역량	경험

- 시기별 역량개발 실행계획서 1

시기		(　　)학년 (　　)학기	(　　)학년 (　　)학기
수강 과목			
직무교육			
일 경험			
자격요건	직무		
	기본		
기타 경험			

• 시기별 역량개발 실행계획서 2

시기		( )학년 ( )학기	( )학년 ( )학기
수강 과목			
직무교육			
일 경험			
자격요건	직무		
	기본		
기타 경험			

성찰글쓰기

우연적 상황 다루기

- 자신이 과거에 우연히 찾아온 기회를 잘 활용했던 경험 또는 계획과 다른 예상치 못한 상황을 잘 극복해냈던 경험에 관해 회상해 봅니다.
- 당시 자신이 어떻게 대처했는지, 그 문제를 효과적으로 다룰 수 있었던 자신의 행동과 여러 자원에 대해 상세하게 작성해 봅니다.

대학생을 위한

진로탐구와

역량개발

제 6 부

구직능력 준비하기

제11장

프레젠테이션 이해

학습 내용

1. 역량평가로서의 프레젠테이션
2. 진로 프레젠테이션의 실제

학습 내용

- 역량평가로서의 프레젠테이션의 의미와 활용에 관해 설명할 수 있다.
- 실제 활용할 진로 프레젠테이션 자료를 작성할 수 있다.

1. 역량평가로서의 프레젠테이션

1) 역량 이해

지식기반 사회에서는 자신이 보유한 정보와 지식을 가공하고 재결합해서 새로운 가치를 창출하는 것은 핵심이자 역량이다. 대학생 핵심역량 진단시스템(Korea Collegiate Essential Assessment: K-CESA)에서 여섯 가지 핵심역량 중 하나로 '자원 · 정보 · 기술의 활용 역량'이 포함된 것은 그러한 이유에서이다. 대학생 진로역량 척도(정지은, 정철영, 2017)에서도 세 가지 영역 중 하나인 커뮤니케이션 역량은 '자신의 진로와 관련하여 타인과 소통하고 네트워크를 형성하는 관계적 역량'으로 정의되며, 특히 하위요소인 '자기표현'은 '타인을 대상으로 자신의 특성을 표현하는 역량'으로 제시되고 있다. 진로역량은 단지 진로성찰이나 진로탐색과 관련된 요소만이 아닌 타인을 대상으로 자신의 정보를 효과적으로 표현하는 능력도 포함하고 있음은 주목해야 할 내용이다.

역량(competency)은 일반적으로 특정한 상황이나 직무에서 효과적이고 우수한 수행의 원인이 되는 개인의 내적인 특성을 말한다. 일시적으로 보이는 것이 아니라 다양한 상황에서 일반적이면서 지속적으로 보이는 행동 및 사고방식으로 정의된다. White(1959)는 학문적 논의에 역량이라는 개념을 처음 도입하여 역량을 '환경과 효과적으로 상호작용하는 능력'으로, 타고난 것이라기보다는 길러지고 학습될 수 있는 특성을 가진 것으로 규정하였다. McClelland(1973)는 역량을 인간 특성의 하나로 부각하며 전통적인 학업, 적성검사 혹은 성취도 검사의 한계를 지적하면서 본격적으로 사용했으며, '실제 수행상황에서 성공적인 수행을 가능하게 하는, 평범한 수행자와 구분되는 우수한 수행자의 특성'으로 정의했다. 이는 전문지식보다는 직무의 핵심적 성공요소와 연관된 구체적 직무수행 능력을 강조한 것이다. 역량의 특성은 총체성, 수행성, 맥락성, 학습가능성으로 명명되며, 역량의 구성요소는 지식(knowledge), 기술(skill), 태도(attitude)로 설명된다. Spencer와 Spencer(1993)가 개발한 빙산모델(iceberg model)은 역량을 설명하는 데 가장 자주 활용되고 있다.

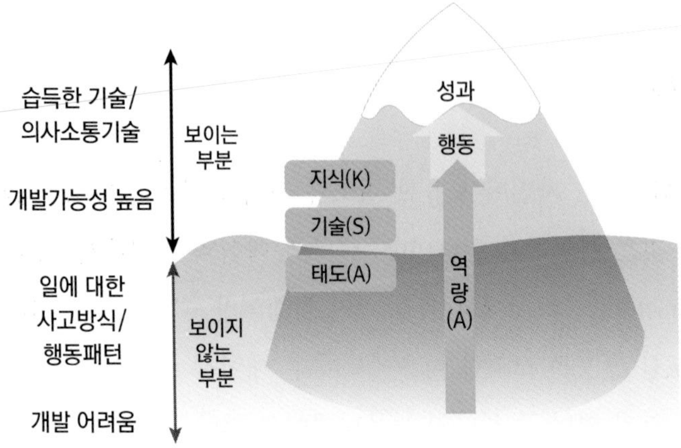

[그림 11-1] **빙산모델**[1)]

영어로 능력을 나타내는 단어에는 'ability' 'capability' 등이 있는데, 역량을 뜻하는 'competency'는 이와는 조금 다르게 이해해야 한다. compete는 경쟁이나 경합의 의미를 나타내는 단어로 다른 사람들과 비교하여 경쟁력이라는 점에서 뛰어나다는 뉘앙스가 있다. 유능함을 나타내는 'competence' 또한 한 사람 몫 혹은 그 이상의 일을 해낼 수 있다는 의미이다. 이렇게 역량은 경쟁을 전제로 하여, 그 가운데 능력을 발휘하는 힘이라는 뜻을 포함한다(헤이컨설팅그룹, 2006). Athey와 Orth(1999)는 역경을 '특정 직무에서 뛰어난 수행과 관련이 있는 지식, 기술, 태도, 행동으로 관찰 가능한 수행의 형태로 표현된 능력이며, 해당 조직이 지속적으로 경쟁에서 우위를 점할 수 있도록 하는 능력'이라고 정의했는데 이는 역량에 대한 이와 같은 의미를 담은 보다 진보된 설명이라 할 수 있다.

1) 본 내용은 청년층취업역량프로그램 진행자용 매뉴얼(한국고용정보원, 2014)을 참조하여 작성되었음.

2) 역량평가 이해

역량평가는 앞서 설명한 역량 개념에 따라 역량을 객관적으로 평가하려는 목적을 가진다. 역량평가란 다양한 상황을 주고 피평가자가 보이는 구체적인 행동, 즉 사고력, 분석력, 의사결정능력, 의사소통능력 등을 보고서, 인터뷰, 토론 등의 형식으로 평가하는 방식을 말한다(안경섭, 진선미, 2013). 주로 기업에서 인사관리의 차원에서 내부 인적자원을 평가하거나, 채용과정에서 지원자의 역량을 평가하여 선발하기 위한 목적으로 활용된다. 평가요소나 평가의도에 따라 역할연기, 프레젠테이션, 집단토론 등 다양한 방식이 활용되는데, 사전에 충분한 이해나 준비 없이 평가에 임해서는 자신의 잠재력을 보여주기 어렵다.

그중에서 프레젠테이션은 일반적으로 많이 활용되는 역량평가 방식이며, 비단 역량평가뿐만 아니라 어떤 업무를 수행하든지 활용도가 높은 중요한 기술이다. 프레젠테이션은 대학생의 학업과정에서도 학습과 성취를 돕는 유용한 수단으로 활용되고 있다. 같은 내용을 발표하더라도 프레젠테이션 기술이 뛰어나면 그만큼 설득력이 높아지기 때문이다. 프레젠테이션 기술을 향상하게 되면 대학에서의 학업수행도 한결 수월해질 뿐만 아니라 대학 졸업 후 채용과정에서도 유리해지고, 경력개발 과정에서는 조직의 인정을 받아 직장생활의 성취감도 높일 수 있다. 따라서 충분한 프레젠테이션 기술을 보유하여 효과적으로 자기 생각과 능력을 표현하는 것은 진로역량의 측면에서 꼭 갖추어야 할 역량이라 말할 수 있다. 프레젠테이션은 관련 지식 및 기술의 전달과정에서 그 사람이 보유한 태도적 측면에 드러나게 한다. 일반적으로 프레젠테이션을 통한 역량평가에서는 다음과 같은 역량을 평가한다(안경섭, 진선미, 2013).

- 문제해결능력: 문제의 본질을 정확히 이해하고 대안을 우선순위에 따라 다양하게 제시하는가?
- 기획력: 자신의 주장을 사실 및 사례와 함께 논리정연하게 정해진 시간 내에 전달하는가?

- **경청**: 상대방의 질문을 정확히 이해하고 적절하게 반응하는가?
- **설득력**: 자신의 논리를 간명하게 전달하여 상대방을 설득시키는가?
- **추진력**: 적극적인 실천계획 추진 의지를 갖고 체계적인 모니터링을 통해 업무를 추진하는가?
- **유연성**: 상황에 맞게 유연하게 행동하면서도 목표를 향해 효과적으로 나아가는가?
- **감정조절능력**: 스트레스 상황에서도 감정을 적절히 조절하면서 의견을 침착하게 전개하는가?

21세기 정보화 사회는 개인의 정보 접근성이 매우 쉽다는 특성이 있다. 그런 점에서 개인이 접근할 수 있는 정보를 다방면으로 폭넓게 수집하여 지식으로 표현해 내는 일이 매우 중요한 능력이 되었다. 즉, 다양한 지식과 정보를 가공할 수 있는 이해력, 문제를 판단하고 분석해 내는 기획력, 그리고 수집된 정보를 바탕으로 상대와 의사소통을 할 수 있는 전달력이 필요하다. 이와 같은 이해력, 기획력, 전달력은 모두 커뮤니케이션 기법에서도 요구되는 능력이며, 이러한 능력이 종합되어야만 프레젠테이션을 효과적으로 수행할 수 있다(조용개 외, 2010).

2. 진로 프레젠테이션의 실제

1) 프레젠테이션 이해

(1) 프레젠테이션의 목적과 종류

일반적으로 발표의 의미로 통용되고 있는 프레젠테이션(presentation)이란 상호 원하는 목표달성을 위해 프레젠터(presenter)가 이해관계자에게 사실, 정보, 의견 등을 전달하고 설득하는 과정으로 이해될 수 있다(이재희, 2010). 즉, 프레젠테이션은 각종 정보를 효율적인 형태로 상대방에게 전달하는 것을 의미하는데, 마이크로소프트사의 파워포인트와 같이 프레젠테이션 전용 프로그램뿐만 아니라 대부분의 문서 작성 프로그램은 프레젠테이션 기능이 있어서 다양한 방식의 활용이 가능하다. 자신의 능력과 특성 등을 효과적으로 표현하는 데 필요한 도구로서 프레젠테이션의 실제에 대해 학습하는 것은 진로역량을 개발하는 의미가 있다. 진로개발에 힘이 될 효과적인 진로 프레젠테이션을 준비하려면 프레젠테이션에 대한 올바른 이해가 필요하다.

프레젠테이션은 목적에 따라 크게 설득, 정보전달, 동기부여의 세 가지 유형으로 구분할 수 있다. 각 유형의 프레젠테이션은 반드시 분절적이지 않으며, 하나의 프레젠테이션에 세 가지 목적이 포함되어 실시되나 우선순위를 두는 것이 일반적이다.

- 설득 프레젠테이션: 상대방의 가치관이나 신념, 태도, 행동을 자신이 의도하는 방향과 일치하도록 변화시키거나 강화하는 행위를 뜻한다. 설득의 목표, 즉 상대방이 어떤 의사결정을 하길 원하는지, 구체적으로 어떤 행동을 하길 원하는지 명확히 하는 것이 필요하다. 투자 설명회, 제품홍보, 사내외 제안 프레젠테이션, 채용 선발 및 각종 경쟁 프레젠테이션 등이 이에 해당한다.
- 정보전달 프레젠테이션: 청중에게 가치 있는 지식이나 정보를 전달하기 위한 것으로, 연구조사 결과나 전문지식, 정보를 전달함으로써 청중에게 무언가 도움을 주고자 하는 목적의 프레젠테이션이다. 제공하는 지식과 정보가 '청중에게 어떤 도움을 주는가'를 명확히 해야 하며, 업무 회의, 주주총회, 각종 세미나, 강연, 수업 발표 등이 이에 해당한다.
- 동기부여 프레젠테이션: 청중에게 활력과 영감을 불어넣어 주기 위한 것으로서 청중에게 무언가를 꼭 해야겠다는 다짐을 유도하고 실행 의지와 즐거움을 촉진한다. 명사 특강, 이벤트 등이 이에 해당한다.

한편, 프레젠테이션은 대외 프레젠테이션과 대내 프레젠테이션으로도 구분할 수 있다. 대외 프레젠테이션은 대외적으로 제품이나 서비스, 아이디어나 해결책 또는 건의사항 등에 대한 장점을 효과적으로 전달하여 프레젠터가 원하는 것(프로젝트 수주, 판매, 기업 PR)을 달성하기 위한 프레젠테이션이다. 구체적인 성과를 달성하기 위한 목적이므로 자신의 강점을 최대한 부각하는 것이 효과적이다. 이에 비해 대내 프레젠테이션은 조직 내부에서 상사나 동료 또는 부하 직원에게 사실이나 정책, 방법, 의견 등을 정확하게 전달함으로써 문제해결이나 의사결정에 도움을 주는 프레젠테이션이다. 사실 그대로를 정확하고 객관적으로 전달하는 것이 핵심이다.

프레젠테이션에 대한 이해를 토대로 스토리텔링에 기반한 진로 프레젠테이션을 준비해 볼 수 있다. 진로 프레젠테이션이란 평가자가 나를 선발하도록 나의 진로 관련 정보를 전략적으로 표현해 전달하는 설득 목적의 대외 프레젠테이션을 말한다. 주로 파워포인트로 제작된 커리어 포트폴리오, 기업분석 및 직무분석 자료 등이 포함될 수 있다. 대학생이 자신의 진로개발과 성취에 도움이 될 진로 프레젠테이션 능력을 갖추려면 평소의 수업 발표도 실습의 기회로 생각하면 좋고, 특히 재학 중에 다양하게 도전하며 격식을 갖춘 대내외 프레젠테이션 경험을 풍부하게 쌓는 것이 필요하다.

(2) 프레젠테이션 성공 요인

프레젠테이션의 성공 요인은 목적, 프레젠터, 청중, 장소로 설명될 수 있다.

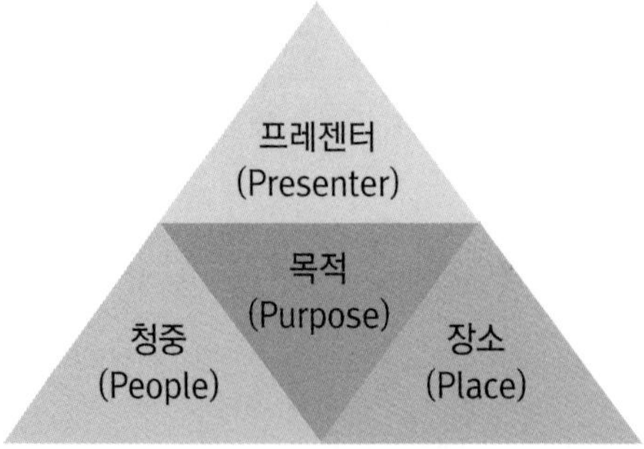

[그림 11-2] **프레젠테이션 성공 요인**

① 목적

프레젠테이션은 명확한 목적(purpose)과 목표가 있어야 한다. 목적과 목표는 프레젠터와 청중 모두에게 유익한 것이어야 한다. 내용은 청중의 동기와 욕구에 기초하여 개발되어야 하며, 객관적 사실과 사례, 정확한 자료를 기초로 개발되어야 한다. 내용은 차별성, 참신성, 그리고 기존의 것보다는 무언가 진일보한 선진성의 세 가지 관점에서 개발되어야 하며, 핵심내용을 중심으로 논리적, 체계적으로 전개해야 한다.

② 프레젠터

프레젠터(presenter)는 주제에 대한 전문성과 다양한 경험이 요구된다. 전달능력, 다양한 프레젠테이션 기술, 열정, 자신감 등이 프레젠터에게 요구된다. 프레젠테이션이 실패하는 이유는 전문성 부족하거나 적절한 자료 및 사례 예시가 부족한 데 기인할 수 있다. 청중의 요구사항이나 지식 수준에 대한 사전지식이 없을 때, 일방적인 프레젠테이션을 진행할 때, 청중과 친밀한 관계를 형성하지 못하고 시선을 맞추지 못할 때, 열정과 자신감이 부족할 때, 복장과 용모가 부적절할 때, 표정이 경직되고 자세와 제스처가 자연스럽지 못할 때, 시간 배분에 실패할 때도 프레젠테이션에 위기가 온다.

③ 청중

프레젠테이션에서 청중(people) 요인도 상당히 중요하다. 자발적 청중이냐 비자발적 청중이냐에 따라 프레젠테이션은 매우 달라질 수 있다. 청중 요인의 측면에서 프레젠테이션이 실패하는 이유는 청중이 프레젠테이션의 필요성을 느끼지 못하거나 프레젠터에 대한 비호의적 감정을 가졌을 때, 내용에 대해 비호의적 감정을 가졌을 때, 타의에 의해 참석했을 때, 그리고 다양한 계층으로 구성된 때 등이 있다.

④ 장소

프레젠테이션에서 마지막으로 고려해야 할 요인은 장소(place), 즉 환경 요인이다. 프레젠테이션을 준비할 때는 장소의 위치와 시청각 시설, 장소의 크기와 책상의 배열 상태, 빔프로젝터, 마이크와 오디오 상태, 화이트보드 설치 여부 등 여러 가지 환경요소에 대해 사전에 반드시 점검해야 한다. 따라서 장소의 측면에서 프레젠테이션이 실패하는 이유는 프레젠테이션 장소의 주변 환경이 부적합할 때, 프레젠테이션 장소의 크기, 자리 배치, 의자 등 여건이 부적합할 때, 시청각 자료를 프레젠테이션 장소의 기술적인 문제로 제시하지 못할 때 등이다.

2) 프레젠테이션 프로세스

(1) 프레젠테이션의 전체 프로세스

프레젠테이션의 실제는 체계적인 과정이 요구된다. 프레젠테이션의 프로세스는 크게 기획단계와 실시단계로 구분할 수 있는데 실제로 준비하고 실행하기 위한 첫 단계는 기획이다. 기획은 자료를 분석하고 해석하여 활용하는 과정이며, 더 나은 미래를 위한 준비이자 과정이다(이재희, 2010). 기획의 성공 요인은 자료의 정확성, 분석의 논리성, 해석의 객관성과 창의성, 실행 결과의 공익성에 있다. 프레젠테이션의 기획과 실시를 포괄하는 전체 프로세스는 [그림 11-3]과 같다.

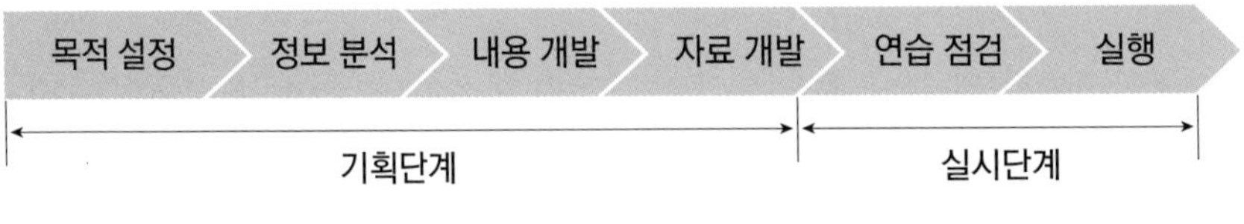

[그림 11-3] **프레젠테이션의 전체 프로세스**

(2) 프레젠테이션 기획

① 목적 및 핵심명제 개발

프레젠테이션 기획의 첫 번째 단계는 목적과 핵심명제의 개발로 시작된다. 목적은 "이 프레젠테이션을 통해 달성하고자 하는 것은 무엇인가?"에 대한 것이다. 핵심 콘셉트는 청중에게 전달할 메시지를 한마디로 요약한 철학적이며 추상적인 개념이며, 청중을 설득할 핵심 포인트이다. 핵심주제는 목적을 달성하기 위해 반드시 언급해야 할 주제인데 일반적으로 3개에서 많게는 5개까지 제시된다. 이러한 과정을 통해 도출된 핵심명제는 핵심주제들을 연결한 하나의 간결한 문장이다. [그림 11-4]는 핵심명제 개발 프레임을 토대로 작성된 진로 프레젠테이션의 예시이다.

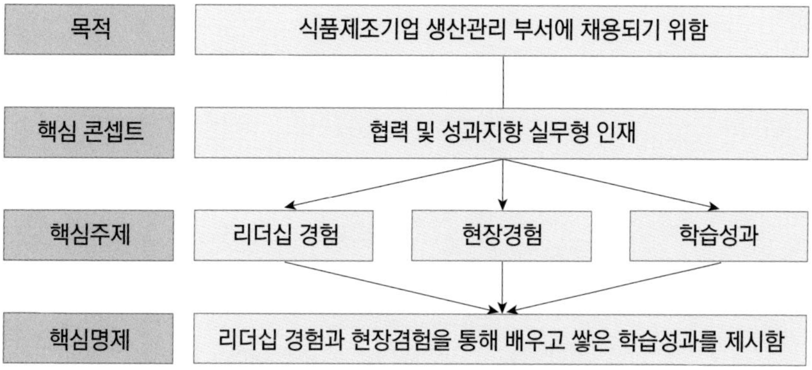

[그림 11-4] **핵심명제 개발 프레임(예시)**

② 정보 분석

프레젠테이션 기획의 두 번째 단계는 정보 분석이며, 주로 청중과 상황에 대한 분석이 이루어진다. 어떤 사람들이며, 어떤 목적으로 참석했는지, 원하는 것은 무엇인지, 수준과 태도는 어떤지를 사전에 분석해야 한다. 충분한 사전 분석은 매우 중요하며, 분석결과를 토대로 프레젠테이션 기획의 내용 개발이 이루어져야 한다.

③ 내용 개발

프레젠테이션 기획의 세 번째 단계는 내용 개발로서, [그림 11-5]와 같이 프레젠테이션의 프로세스를 결정하고 그에 따른 내용을 개발해야 한다. 도입 멘트 부분에서는 자기소개, 인사말, 운영 계획 등을 소개하는데, 주의 집중을 위한 내용, 주제와 청중의 이익과의 관계 등을 제시할 수 있다. 서론 부분에서는 동기 유발을 위한 질문, 예시, 유머, 경험담, 일화가 제시되기도 하며, 개요를 안내한다. 본론 부분에서는 결론 도출을 위한 주요 내용과 세부 주제에 관해 소개하는데 근거자료를 함께 제시하는 것이 효과적이다. 요점 재강조 부분에서는 핵심 내용 요약, 내용의 중요성 강조한다. 질의응답 부분에서도 질의응답 과정을 통해 긍정적 이미지를 더 강화하며, 프레젠테이션의 추가적 내용도 전달한다. 마지막으로, 결언 부분에서는 전체 내용 및 주제와 관련된 의미 부여가 이루어질 수 있다. 이때, 청중의 의사결정이나 행동을 촉구하며 의미 있는 감사의 메시지가 전달된다.

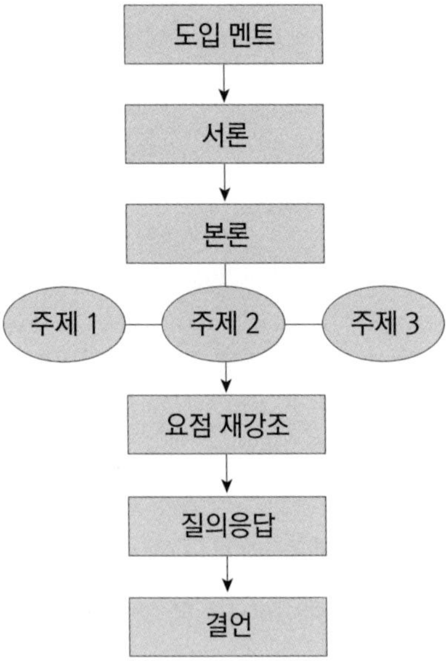

[그림 11-5] **프레젠테이션 실시 프로세스(예시)**

④ 자료 개발

프레젠테이션 기획의 네 번째 단계는 자료 개발이다. 단순화, 일관성, 이미지화, 컬러화의 원칙에 따라 실제 활용될 발표 자료가 작성된다. 발표 자료는 핵심 단어 위주로 이해하기 쉽고 짧은 문장으로 구성되어야 하는데, 일반적으로 슬라이드 면적의 70~80% 범위에서 작성하는 것이 바람직하다. 기본 글꼴 사용이 권장되며, 색상은 세 가지 이내로 일관성 있게 사용되는 것이 권장된다. 시각 자료는 내용과 연관된 그림, 도형, 도표, 차트 등을 이용하여 이미지 효과를 높일 필요가 있다.

진로 프레젠테이션 기획하기

- 진로탐구 활동 결과 보고를 위한 프레젠테이션을 준비해 봅니다.
- 다음에 제시된 핵심명제 도출 프레임에 발표할 내용과 관련하여 목적, 핵심 콘셉트, 핵심주제, 핵심명제 등을 작성하며 프레젠테이션 기획을 시작해 봅니다.

목적	
핵심 콘셉트	
핵심주제	
핵심명제	

- 포스트잇을 활용하여 핵심주제별로 작성될 세부 콘텐츠를 결정해 봅니다.

성찰글쓰기

본질과 형식

바탕이 겉모습을 이기면 거칠어지고, 겉모양이 바탕을 이기면 화려하기만 하므로 그 둘이 조화를 이루어야 군자라고 할 수 있다.

『논어』「옹야편」16장

• 우리가 가진 지식, 자질, 능력이 가치 있게 빛을 발할 수 있으려면 형식에 잘 담아내야 합니다. 프레젠테이션 기술, 문서 작성 기술, 인터뷰 기술과 같은 실제적인 과제접근기술의 의미와 중요성에 관해 성찰해 봅니다.

제12장

역량지원서 이해

학습 내용

1. 역량지원서 작성의 기본 원칙
2. 서술형 지원서 작성법

학습 내용

- 역량지원서의 의미와 작성의 기본 원칙에 관해 설명할 수 있다.
- 자기 · 직무 · 기업 분석을 토대로 역량지원서를 작성할 수 있다.

1. 역량지원서 작성의 기본 원칙

1) 역량지원서의 의미와 작성 원칙

입사지원서는 지원자의 입장에서는 내가 어떤 사람이며 기업에서 어떻게 '나'라는 인재를 활용할 수 있는지를 보여 줄 수 있는 마케팅 도구이다. 지원자에 대한 간단한 정보부터 해당 조직에서 요구하는 역량별 최근 경험의 여부에 대하여 채용 담당자에게 정보를 제공하는 것을 목적으로 한다. 기업의 입장에서 입사지원서는 지원자에 대한 종합적인 요약서이다. 수많은 지원자 중에서 다음 단계의 채용 프로세스를 진행할 만한 가치가 있는 지원자를 선별할 수 있게 하는 준거 자료이며, 회사가 구성원들에게 요구하는 역량의 행동지표에 담긴 행동들을 지원자가 최근에 얼마나 많이, 강하게 실행했는지를 평가하는 목적을 가진다. 입사지원서는 면접이 진행될 경우 지원자에게 적합한 질문을 하기 위한 핵심 참고자료가 된다. 특히 자기소개서나 에세이로 지칭되는 서술형 지원서는 최근 직무적합성 평가의 중요한 도구로 활용되며, 여러 가지 측면에서 그 중요성이 강조되고 있다.

최근에는 능력 중심 채용이나 블라인드 채용이 대세가 되면서 기업들도 달라진 채용 정책에 따라 역량지원서(또는 역량기반 지원서)를 요구하는 경우가 많다. 따라서 지원자는 자신의 스펙을 나열하는 방식이 아닌 역량에 기반해서 지원자 자신에 대한 정보를 정리하는 것이 중요하다. 역량지원서는 기업이 요구하는 역량을 중심으로 지원자의 경험, 관련 역량을 발휘했던 행동사례를 작성해야 한다. 이에 직무와 무관한 자전적인 기재사항을 최소화하고, 직무 관련성이 높은 사항(예: 교내외 활동경험, 직무와 관련된 자격사항, 인턴 등 근무경험)을 중심으로 작성해야 한다. 역량지원서 작성의 원칙 두 가지는 '적합성'과 '역량기반'이며, 그 내용은 다음과 같다.

첫째, 역량지원서는 많은 스펙의 나열이 아닌 '적합성'에 초점 두고 작성해야 한다. 내가 자랑하고 싶은 모든 것을 나열하기보다는 특정한 그 기업, 그 직무에 적합한 경험을 중심으로 작성해야 한다. 이를 위해서는 면밀하게 준비된 희망 기업 및 직무 요구분석에 기초하여 작성해야 한다.

둘째, 역량지원서는 역량을 기반하여, 즉 '역량기반'으로 작성해야 한다. 역량은 구체적인 행동과 경험으로 나타난다. 따라서 역량을 기술할 때에는 막연히 그렇게 생각한다는 식이 아니라 자신이 구체적으로 관련 행동을 했었다는 점이 드러나야 한다.

표 12-1 역량지원서 작성의 원칙

적합성	역량기반
• 우수성보다 적합성에 초점을 두고 작성 • 희망 기업과 직무 요구분석에 기초	• PAR 기법 • 스토리텔링

2) 이력형 지원서 작성 팁

이력형 지원서란 자신이 했던 경험이나 활동, 보유한 자격이나 수행한 과제, 전공 등을 통해 객관적으로 자신이 지원하려는 일자리와 관련하여 얼마나 적합한 인재인지, 어떤 역량을 보유하고 있는지에 대해 채용 담당자들이 가늠할 수 있도록 제시하는 서류이다. 고용노동부가 제시한 이력형 지원서는 물론 최근 기업들이 활용하고 있는 다양한 형태의 이력형 지원서를 살펴보면, 점차 강화되고 있는 개인정보보호나 차별금지에 대한 권고를 고려하여 최소한의 정보만을 요구하는 경향을 보인다. 그러므로 자신의 여러 이력을 나열형으로 제시하는 것이 아니라 지원하는 조직 및 직무에 비추어 보았을 때 관련성이 높은 항목들을 중심으로 제시하여 본인이 얼마나 적합한 인재(right people)인지를 제시하는 것이 효과적이다. 판매직에 지원하는 사람이라면 비록 단기 아르바이트일지라도 무관한 경험이나 자격 및 교육 사항을 나열하는 것보다는 판매 활동을 해 본 이력이나 경험을 부각하는 것이 좋다.

하지만 여전히 일반적인 이력서를 활용하는 기업들도 있다. 자유 형식 지원서를 제출할 때에도 전형적인 서식보다는 자신의 경력이나 경험을 표현하기에 적합한 참신한 양식을 확보해야 하며, 자신의 직무역량과 경험을 최대한 부각하는 방식으로 전략적으로 편집해 사용해야 한다. 그렇게 되면 역량기반의 원칙에 따라 자신이 기재할 항목의 제목, 순서 모두를 의도에 따라 효과적으로 정할 수 있고, 불필요한 공란도 생기지 않는다. 이력형 지원서를 알차게 작성하여 제출하는 것은 기술된 이력 내용 외에도 지원자의 문서 편집능력을 보여 주는 부수적인 효과가 있다.

2. 서술형 지원서 작성법

1) 자기소개서의 의미

자기소개서는 기업이 지원자의 성장배경, 장래성, 성격, 대인관계 및 업무와 관련된 경험에 대하여 보다 깊이 이해하도록 돕는 문서라고 할 수 있다. 기업은 자기소개서 또는 에세이 형태의 지원서 내용을 통해 기업이 원하는 역량을 그 지원자가 얼마나 보유하고 있는지에 대해 면밀하게 판별하고자 한다. 다만 기업은 자신이 성실하다고 적어 놓은 지원서를 보고 지원자가 성실할 것이라고 그대로 믿는 것이 아니라는 점을 명심해야 한다.

기업은 지원자가 성실한 태도를 보유하고 실천하고 있는 사람인지를 구체적으로 지원자가 수행한 행동이나 경험을 통해서, 즉 그 행동과정에 대한 근거 자료를 통해 판단한다. 서술형 지원서는 기업이 해당 조직과 맡기려는 직무에 적합한 사람인지를 지원자가 작성하여 제시한 실증 자료들을 통해 판단하고 평가하는 문서라는 점을 유념해야 한다. 서술형 지원서에는 단순히 유명한 글귀나 독특한 스토리만을 적어서는 자신이 보유한 역량을 부각할 수 없다. 자신이 직접 경험하거나 수행한 활동을 적되 그러한 경험을 근거로 본인이 조직과 직무에 적합한 어떤 역량을 보유하고 있는지에 대해 알려 주어야 한다. 따라서 서술형 지원서를 작성할 때에는 자기소개서의 정의를 정확하게 이해하여 문서의 본질적 기능에 맞게 작성해야 한다.

자기소개서란 자신이 살아온 과거와 현재를 어떻게 이해하고 있는지, 자기 자신에 대해 어떻게 생각하는지, 다가올 미래를 어떻게 전망하고 있는지, 구인자가 자신을 선발해야 할 이유를 설득력 있게 적는 글이다. 다시 말해, 자기소개서는 자신이 이해한 '자기'와 '미래'에 관한 이야기이며, 독자가 있는 설득 목적의 글이다. 자신에게 능력을 발휘할 기회를 만들어 낼 힘 있는 자기소개서를 완성해 내기 위해서는 심도 있는 자기 이해와 미래이해, 그리고 효과적인 설득의 기술이 필요하다. 충실한 진로학습의 결과로 자기와 미래에 대해 깊이 있게 이해하게 되었거나 혹은 그 과정을 이루어 가고 있다면 자기소개서를 작성할 핵심적 준비가 된 것이라 할 수 있다. 그리고 효과적 설득 기술로서 역량기반 작성법에 대해 학습할 차례이다. 전자와 마찬가지로 취업기술의 습득도 기본과 원칙에 충실한 학습이 중요하다. 인터넷의 자기소개서를 보는 손쉬운 방법보다는 역량기반 작성법을 지도 삼아 자신이 이해한 진짜 자기 이야기를 쓰고 또 써 보는 것이 합격으로 가는 지름길이다.

최근에는 전통적인 자기소개서 항목보다는 서술형의 질문 형태로서 지원서 문항이 제시되나 일반적인 자기소개서 항목의 의미도 알아 둘 필요가 있다. 실제 지원 시에는 서술형으로 제시되는 각 항목의 질문 의도를 잘 파악하는 것이 중요한데, 이때 전통적인 자기소개서 항목의 의미를 떠올리면서 작성하면 도움이 된다. 전통적인 자기소개서 항목의 의미는 다음과 같다.

- 성장과정(성장배경): 기업 및 직무의 인재상과의 부합성을 드러내는 항목이다. 지원자가 현재의 가치관, 생활신조 등을 갖게 된 성장 과정에서의 경험이 역량기반으로 서술되어야 하는데 기업이 추구하는 인재상과 전략적으로 연결될 필요가 있다. 혹은 지원 직무와 연결되는 주요 관심사에 관한 이야기들도 활용될 수 있다.
- 성격(성격의 장단점): 직무 적합성을 드러내는 항목이다. 인간의 성격은 다면적이므

로 누구나 지원 직무에서 요구되는 성격 및 태도를 잘 찾아서 부각할 수 있다. 자신이 성실한 사람이라고 글로 쓰기보다는 자신의 성실한 태도가 경험 속에서 어떻게 도움이 되었는지를 스토리텔링하는 것이 더 효과적이다. 즉, 가정, 학교, 사회에서 자신의 성격 및 태도가 긍정적으로 잘 활용되었던 이야기를 전략적으로 선택해서 실제로 자신이 직무에서 요구되는 성격 및 태도를 보유하고 있다는 것을 역량기반으로 서술하도록 한다.

- **학내외 활동**: 직무 준비과정을 드러내는 항목이다. 이 항목은 추가적인 항목으로서 재학 동안 자신이 선택했던 활동을 통해 자신이 어떤 사람인지를 더 보여 줄 수 있다. 그리고 더 나아가 재학 동안의 다양한 경험은 재해석을 통해 직무 준비과정으로서 의미화가 가능하다. 전략적으로 직무 준비과정으로서 표현해 낼 수 있는 이야기를 잘 선택해서 역량기반으로 서술하도록 한다.
- **지원동기**: 직무준비도 및 이해도를 드러내는 항목이다. 지원동기는 자기소개서에서 가장 중요한 항목이다. 지원동기를 작성할 때 반드시 우연적이거나 거창한 동기를 제시해야 한다는 부담은 내려놓아도 좋다. 오히려 지원동기 항목에서는 전공 및 직무와 관련된 경험과 학습의 과정을 구체적으로 기술하는 것이 더욱 효과적이다. 직무에 뜻을 품고 선택했던 교과목, 활동, 교육, 자격에 관한 경험들이 단계적으로 제시되어야 하며, 그 경험의 구체성과 전문성을 통해 직무에 대한 동기와 열정을 전달하는 것이 바람직한 전략이다.
- **입사 후 포부(포부 및 계획)**: 직무 동향 이해 및 역량개발 계획을 드러내는 항목이다. 입사 후 포부에는 열심히 일하겠다는 의지를 직접 말하기보다는 구체적인 역량개발 계획을 통해 전달해야 효과적이다. 그러기 위해서는 직무 및 산업 분야 동향에 대한 이해가 필수적이다. 단, 동향에 대한 직접적 설명보다는 최신 동향 이해를 기반으로 수립된 직무 중심 역량개발 계획을 단계적으로 제시함으로써 직무에 대한 이해도와 전문성 및 의지를 전략적으로 드러낼 필요가 있다.

2) 역량기반 작성법

서술형 지원서 작성 시에는 회사에서 보고자 하는 역량을 보유하고 있는지에 대해서 평가자가 제대로 판단할 수 있도록 실제적인 경험이나 근거 활동을 제시해야 효과적이다. 스토리텔링은 실천 행동이나 극복 행동이 잘 드러나게 작성하는 것이 핵심이다. 즉, 그냥 맥락 없이 경험이나 활동한 것만 적는 것이 아니라 행동 자체에 대해서도 구체적으로 작성하되 그러한 행동을 하게 된 배경이나 이유 등을 포함하여 그러한 행동과 경험의 결과와 느낀 점에 대해서도 함께 작성하여야 한다. 이처럼 자신의 경험을 활용하여 역량이 부각 되는 방식으로 작성하는 역량기반 작성법으로는 PAR 기법, STAR 기법 등이 있다. 그중에서 소개할 PAR 기법은 문제(Problem: P), 행동(Action: A), 결과(Result: R)로 이루어진 3단계의 작성법으로, 지원자의 역량을 효과적으로 부각하는 행동 중심의 작성 구조를 제시한다. 역량기반 작성법인 PAR 기법은 [그림 12-1]을 통해 구조로서 이해할 필요가 있으며, 각 단계에서 작성할 내용 및 방법은 다음과 같다.

- 문제(Problem) 단계: 해당 직무역량을 기를 수 있었던 경험 또는 관련 사례의 배경, 환경, 이유 등에 관해 서술한다. 단, 상황에 대한 장황한 서술은 지양되어야 하며 내용을 압축해 서술해야 한다.
- 행동(Action) 단계: 실제 자신이 그 경험 속에서 행동했던 바에 대해 구체적으로 서술한다. PAR 기법에서는 이 단계에서 자신의 실제 행동을 효과적으로 서술하는 것이 매우 중요하다. 자신의 강점이 드러나도록 전략적으로 작성할 필요가 있고, 그 강점이란 능력이든 품성이든 결국 직무에서 요구되는 행동적 역량이어야 한다.
- 결과(Result) 단계: 행동의 결과와 경험을 통해 얻은 교훈을 서술한다. 즉, 해당 경험에서의 구체적인 성과와 함께 자신의 행동이 그 결과에 미친 영향이 구체적으로 드러날 필요가 있는데 성과는 구체적인 수치나 양으로 제시하는 것이 효과적이다. 그리고 그 과정에서 자신이 느낀 점과 배운 점을 작성하면서 그로 인해 현재 변화된 점까지 서술하면 더욱 좋다.

STEP 1	문제(P)	해당 역량 경험 및 사례에 대한 배경, 환경, 이유 등에 관해 서술
STEP 2	행동(A)	실제 자신이 행동했던 것에 대해 구체적으로 서술
STEP 3	결과(R)	행동의 결과와 경험을 통해 얻은 교훈을 서술

[그림 12-1] PAR 기법

예를 들어, 본인이 전공 과제 때문에 아동 선호 놀이에 대한 보고서를 작성하는데(P, 배경과 이유), 인터넷으로 자료를 수집하여 찾는 것보다는 직접 실행하여 그것에 대한 확신을 토대로 보고서를 작성하는 것이 좋다고 판단하여, 동네 놀이터의 아이들 12명에게 세 가지 유형의 놀이법을 적용해 보고 아이들의 호응을 관찰 및 인터뷰하여 보고서를 작성하였더니(A, 실천 행동), 관련된 이론에 대해서도 더 잘 이해하게 되었고, 그 분야에 대한 관심도 높아져 단순히 글로만 이해하는 것보다 실행하고 조사하는 것의 중요성을 깨닫게 되었다(R, 느낀 점)는 것을 지원서에 제시하는 방식으로 작성하는 것이다. 이런 사례의 경우 기업은 지원자가 적극성이나 도전정신, 맡은 과업에 대한 성실한 수행 태도 등을 지녔다고 판단할 수 있다.

실습 1

미래 이력서 작성하기

• 미래 시점으로 가정하여 자신의 이력형 지원서를 작성해 봅니다.

이 름		영 문		한 문	
휴대전화		E-mail			
주 소					

학력사항				
기간	학교명	학과명	세부전공	소재지

경력사항(인턴십, 현장실습, 아르바이트 등 근무경험)			
기간	기관명	근무내용	근무형태

자격사항(직무 관련 자격증, 전산자격증, 어학성적 등)		
기간	자격명	발행처

활동사항(교내활동, 수행과제, 동아리, 학생회, 봉사활동, 대외활동 등 활동경험)		
취득일	활동명	활동내용

기타사항(직무 관련 교육/훈련 내역, 어학연수, 교환학생, 장학금 및 수상내역 등)		
기간	상세 내용	기관명

년 월 일 지원자 (인)

실습 2

새로 쓰는 역량 에세이

• 역량기반 원칙을 적용하여 서술형 지원서의 한 가지 항목을 작성해 봅니다.

지원분야		요구역량	
우리는 반복적인 일상을 살아가면서도 때로는 높은 목표를 설정하고, 그 목표를 성취하기 위해 노력하기도 합니다. 이처럼 열정을 가지고 높은 목표를 성취하기 위해 노력했던 본인의 사례를 작성해 주십시오.			
• STEP 1: 어떠한 상황(배경) 속에서 어떤 목표를 가지게 되었습니까?			
• STEP 2: 구체적으로 목표를 성취하기 위해 어떠한 일을, 어떻게 행동하였습니까?			
• STEP 3: 행동한 결과는 어떠하였으며, 경험을 통해 느끼고 배운 점은 무엇입니까?			

출처: 청년층취업역량프로그램 진행자용 매뉴얼(한국고용정보원, 2014)을 참조하여 작성하였음.

미래의 '가능한 자기'에게

- 인간의 행동은 과거의 경험보다는 미래에 대한 기대에 의해 더 좌우됩니다.
- 우리는 진로학습을 통해 자신의 기대에 따라 자신의 특성을 만들고 미래를 표현하며 자신의 이야기를 성장시켜 왔습니다. 그것은 우리 자신이 기대하는 상태로서 미래를 살아갈 내 모습을 현재에 미리 보는(現示) 것이기도 하고, 동시에 자기가 기대하는 미래 모습을 스스로 나타내 보인(顯示) 것이기도 합니다.
- 지금 내가 보고 있는 미래의 내 모습을 미래의 나에게 편지글로 써서 보내도록 합니다. 미래를 예측하는 것은 중요하고 창조적 예측이라면 더 기대할 만합니다.

사후 진단평가: 대학생 진로역량척도

번호	항목	전혀 그렇지 않다	그렇지 않다	보통이다	그렇다	매우 그렇다
1	나는 내 삶의 목적을 지속적으로 생각해 본다.	①	②	③	④	⑤
2	나는 내 삶에 있어 진로와 직업이 갖는 의미를 생각해 본다.	①	②	③	④	⑤
3	나는 내 삶에 있어 중요하게 생각하는 가치가 무엇인지 알고 있다.	①	②	③	④	⑤
4	나는 내가 희망하는 진로에서 좋아하는 것이 무엇인지 알고 있다.	①	②	③	④	⑤
5	나는 내 진로에 있어 나의 열정을 명확하게 알고 있다.	①	②	③	④	⑤
6	나는 내가 잘하는 것과 잘하지 못하는 것을 구분해 본다.	①	②	③	④	⑤
7	나는 나의 경험 안에서 나의 특성을 발견해 본다.	①	②	③	④	⑤
8	나는 내가 희망하는 진로에서 나의 강점과 약점을 생각해 본다.	①	②	③	④	⑤
9	나는 내가 희망하는 진로에서의 내 능력을 예측해 본다.	①	②	③	④	⑤
10	무언가를 잘해냈을 때, 내가 발휘한 강점이 무엇인지 생각해 본다.	①	②	③	④	⑤
11	나는 나의 관심사를 주변 사람들과 이야기한다.	①	②	③	④	⑤
12	나는 내가 희망하는 진로목표를 타인에게 설명할 수 있다.	①	②	③	④	⑤
13	나는 내가 희망하는 진로에서 나의 강점을 설명할 수 있다.	①	②	③	④	⑤
14	나는 내가 희망하는 진로에서 가장 중요하게 생각하는 것이 무엇인지 설명할 수 있다.	①	②	③	④	⑤
15	나는 나보다 많은 경험을 가지고 있는 사람들과 친분을 쌓는다.	①	②	③	④	⑤
16	나는 나의 진로에 도움을 줄 수 있는 분께 연락하여 조언을 구한다.	①	②	③	④	⑤
17	나는 대학 안에서 다양한 사람과 친분을 쌓는다.	①	②	③	④	⑤
18	나는 대학 밖에서 나의 진로에 도움을 줄 수 있는 사람들과 친분을 쌓는다.	①	②	③	④	⑤
19	나는 관심 있는 직업분야에 종사하는 사람들을 만나기 위해 노력한다.	①	②	③	④	⑤
20	나는 성장할 수 있는 기회(교육, 훈련 등)을 찾아본다.	①	②	③	④	⑤
21	나는 나의 학습과 경험이 진로와 어떻게 연결될 수 있는지 알아본다.	①	②	③	④	⑤
22	나는 관심 있는 직업분야에 대한 정보를 계속 수집한다.	①	②	③	④	⑤
23	나는 관심 있는 직업분야의 나의 진출 가능성을 알아본다.	①	②	③	④	⑤
24	나는 관심 있는 직업분야에서 전문성을 쌓기 위한 방법을 찾아본다.	①	②	③	④	⑤
25	나는 내가 희망하는 진로에서 궁극적으로 이루고자 하는 목표를 세운다.	①	②	③	④	⑤
26	나는 내가 희망하는 진로를 위한 실천계획을 구체적으로 세운다.	①	②	③	④	⑤
27	나는 관심있는 직업분야에서 필요한 것을 학습 또는 경험하며 준비한다.	①	②	③	④	⑤
28	나는 진로 준비과정에서 발생하는 변화에 능동적으로 대처한다.	①	②	③	④	⑤
29	나는 내가 희망하는 진로의 목표와 계획을 지속적으로 검토한다.	①	②	③	④	⑤

※ 18~19쪽에 수록된 '사전 진단평가' 참조.

출처: 정지은, 정철영(2017).

부록

기업 및 직무 이해를 위한 기본 정보[1)]

◆ 기업 이해를 위한 기본 정보

표 1 기업유형별 장단점

구분		장단점
대기업	장점	• 기업의 높은 인지도 및 안정성 • 높은 임금과 다양한 복리후생 제도 • 체계적인 시스템으로 인해 본인의 업무성과를 높일 수 있음
	단점	• 개인의 자율성보다는 조직의 시스템에 맞추어 움직이는 경직된 업무환경 • 성과 위주의 치열한 경쟁체제 • 피라미드형 관리 구조로 일정 선까지의 승진은 가능하지만 대부분의 경우 부장급 이상으로 올라가기 어려움
중소 기업	장점	• 다양한 업무를 접할 수 있어 향후 이직 및 창업에도 도움이 됨 • 승진이 빠르며 조직의 성장과 함께 자신도 함께 성장할 수 있음 • 조직이 유연하기 때문에 보수적, 수직적이기보다는 자율적인 근무환경임
	단점	• 상대적으로 낮은 임금과 복리후생 제도 • 대기업에 비해 재무구조 안정성 낮음 • 체계적인 시스템보다 개인의 업무역량에 따라 기업의 성과가 좌우되어 우수인재 선발이 중요함
외국계 기업	장점	• 철저한 실적 중심 문화로, 실적에 따른 금전적 보상과 승진 보장됨 • 한국의 수직적 업무환경에 비해 자유로운 조직문화 • 글로벌 비즈니스 환경을 경험할 수 있기 때문에 다양한 기회가 제공
	단점	• 대부분의 업무에서 영어를 사용하기 때문에 영어에 대한 스트레스 • 실력에 따라 구조조정 및 해임이 쉽게 되는 문화 • 지나친 개인주의 문화로 인해 업무 외 동료들 간의 유대관계 어려움
공기업	장점	• 사기업에 비해 정년이 보장되어 고용안정성이 높음 • 사기업에 비해 실적의 압박이 적음
	단점	• 관료주의 체계로 인해 업무의 효율성 낮음 • 순환근무로 인해 지방근무 및 보직 변경 감수해야 함

1) 출처: 강민식 외(2014).

표 2 기업유형별 정의 및 사례

구분		정의	예시 기업
대기업		• 자산총액 5조 원 이상으로 상호출자가 제한된 기업집단 • 다양한 제품, 업종 다각화 등의 사업 다양성 추구	삼성, 현대, LG, 롯데, 한화, 두산
중견기업		• 업종별로 차이는 있으나, 제조업은 상시근로자 수 300인 이상, 자본금 80억 원 이상	화승알앤에이, 티케이지태광, 극동유화
중소기업		• 제조업 기준 상시 근로자 수 300인 이하 • 특정 제품을 생산하며 사업 영역 협소	제니퍼소프트, 동성전기, 부국정공
외국계 기업	자회사	• 외국자본으로 설립해 국내에서 법인 자격을 취득한 기업으로 재무구조가 우수하고 철수의 위험성 적음 • 현지화 경향으로 대부분 한국인이 경영	한국IBM, 한국P&G, 코카콜라, 한국후지쯔
	합작사	• 외국기업이 국내기업을 사업파트너로 활용하여 시장진입에 대한 위험부담을 줄이고 국내기업은 외국기업의 기술력을 빌려 국내시장에 진입하거나 확장하려는 의도하에 외국·국내 기업 간의 국제협력 형태	유한킴벌리, 피자헛, 맥도날드, 안국얀센, 동양 베네딕트
	지점	• 외국기업의 위탁을 받아 그 기업의 한국 내 업무를 담당하는 '한국회사' • 대개 외국 항공사들과 은행들로, 본국 직원들과 동등한 대우와 신분을 보장받음	케세이퍼시픽항공사, 시티은행, 메릴린치 증권회사
	대리점·연락사무소	• 외국기업이 한국 내 업무를 수행하기 위한 대리점 또는 연락사무소 형태 • 현지 대리점 직원의 신분만을 보장하기 때문에 직업안정성 낮음	
공기업	공사(공기업)	• 공공성과 기업성을 조화시킨 특수법인 • 직원 정원 50인 이상, 자체수입액이 총 수입액의 2분의 1 이상인 공공기관 중에서 기획재정부 장관이 지정한 기관 • 시장형 공기업과 준시장형 공기업으로 구분	- 시장형: 한국석유공사, 한국가스공사, 한국남동발전 - 준시장형: 한국토지주택공사, 주택도시보증공사, 한국전력기술
	공단(준정부기관)	• 경제 또는 국가적 사회정책사업을 수행하기 위한 특수법인 • 직원 정원 50인 이상, 공기업이 아닌 공공기관 중 기획재정부 장관이 지정한 기관 • 기금관리형과 위탁집행형으로 구분	- 기금관리형: 국민연금공단 - 위탁집행형: 교통안전공단
	기타공공기관	• 공사나 공단이 아닌 공공기관	한국수출입은행, 한국국제협력단

◆ 직무 이해를 위한 기본 정보

표 3 경영지원 직군의 직무별 특성

직무	개요	역할	자질/역량
기획 전략	경영환경 분석, 경영전략 수립 및 점검	• 대내외 경영정보 수집 및 분석을 통하여 관련 부서에 제공 • 회사의 발전과 경쟁우위를 지속적으로 유지 · 발전시키기 위해 전략적 방향 설정	분석력, 전략적 사고능력, 대인관계능력, 창의성
회계/경리	회계 정보 생성 및 분석, 회계 결산, 세무업무	• 기업회계를 바탕으로 회계결산 수행 • 세법규정 검토, 각종 세금 신고/납부	분석능력, IT활용능력, 의사소통능력, 청렴성, 계산능력,
자금/재무	자금 조달 · 운용, 수행지원, 자금계획 수립	• 경영전략, 가업계획을 바탕으로 수입/지출을 예측하여 자금조달 계획 수립	분석능력, 대인관계능력, 의사소통능력, 청렴성, 계산능력
구매/자재	자재 · 장비 구매, 구매계획 수립, 공급업체 관리, 자재관리	• 생산에 필요한 원자재 · 부자재에 대해 자재가격, 공급업체 동향 등 시장조사 • 원자재 · 부자재 구매, 구매 자재 입출고 관리	협상능력, 설득능력, 사회성, 어휘능력, 분석능력, 의사소통능력
홍보/광고	홍보 통한 기업경쟁력 확보	• 회사의 가치, 경영활동 등 고객들에게 회사를 홍보 • 언론홍보 실시, 언론보도 관리 • 회사 제품 홍보(마케팅 지원)	대인관계능력, 우연성, 창의성, 분석능력, 설득능력
인사	인력 채용 · 확보 · 유지, 평가 · 보상, 조직관리 업무	• 인사체계와 제도 수립(평가, 보상 등) • 인재 관리(채용, 충원, 부서이동 등) • 인재 육성(직무별, 부서별 교육 실시)	의사소통능력, 대인관계능력, 유연성, 분석능력, 판단능력
교육	사내 경력개발 교육체계 수립 및 시행, 교육과정 개발 · 운영 · 평가	• 기업의 장 · 중 · 단기 교육계획 수립 • 교육 개발 · 운영(자체 개발, 위탁교육 발굴) • 교육효과 측정 및 분석	의사소통능력, 분석능력, 대인관계능력, IT활용능력, 사교성
총무	비품 · 소모품 · 회사자산 관리, 사무인프라 조성 · 관리, 의전업무	• 비품 및 자산 관리 • 쾌적하고 효율적인 근로환경 유지 • 기업행사 준비 및 의전	고객지향성, 의사소통능력, 대인관계능력, 상황대처능력, 창의력
법무	법적 분쟁 예방 · 대응 · 해결, 소송수행, 법률자문, 법령분석	• 기업과 관련하여 발생한 소송 수행 • 경영을 위한 법률자문(법률자료 관리) • 사업수행 시 필요한 법령분석 • 지적재산권 관리	정보수집활용능력, 판단능력, 프레젠테이션 기술, 전략적 사고능력, 분석능력

비서	임원업무 활동 보좌, 일정 관리, 문서 및 정보관리, 내방객 접대	• 기업 임원의 일정 관리 • 임원업무 관련 정보관리 및 문서 작성 • 임원을 대신해 대내외 의사소통 담당 • 내방객 접대, 사무환경 관리	대인관계능력, 성실성, 의사소통능력, 청렴성, IT활용능력
사무 보조	자료 입력, 문서 관리, 업무지원	• 업무에 필요한 자료 입력 및 수정 작업 • 각종 서류 정리 및 수발	IT활용능력, 의사소통능력, 성실성

표 4 **영업 · 유통 직군의 직무별 특성**

직무	개요	역할	자질/역량
영업 · 영업관리	제품 · 서비스에 대한 영업 및 영업관리 활동	• 매출목표와 영업계획 수립 • 관련 부서와 협조하여 영업활동 전개 • 매출관리, 고객 및 거래선 관리 • 상품정보 수집 및 공유	대인관계능력, 설득능력, 의사소통능력, 도전성, 적극성
해외영업 · 무역	수입 · 수출을 통한 제품 판매, 해외시장 개척	• 해외정보 수집 및 판매전략 수립 • 해외판매 실적 관리, 신규거래선 개척, 수출입 관리	외국어능력, 국제감각, 설득능력, 목표지향성
마케팅 · 상품개발	시장환경 분석을 통한 판매 전략수립, 성과관리	• 판매전략 수립을 위한 시장조사 및 분석활동 • 판매 극대화 마케팅전략 수립	분석능력, 창의력, 전략적사고, 수리능력
물류 · 유통	물류계획, 발송, 입출고 관리	• 연간 및 분기 물류운영 계획 수립 • 고객에게 물품 전달, 입출고 관리	대인관계능력, 유연성, 고객지향, 인내력, 설득능력
판매 · 매장관리	고객과의 최접점에서 제품판매 활동	• 제품 진열, 포장, 매장 관리 • 입출고 및 반품 관리 • 고객 응대 및 관리	대인관계능력, 유연성, 고객지향, 인내력, 설득능력
TM · 고객지원	전화로 상품판매, 홍보 업무	• 고객에게 전화를 걸거나 걸려 온 전화를 통해 상품판매 • 고객 불만사항 접수 및 처리	의사소통능력, 대인관계능력, 문제해결능력

표 5 **생산 · 연구 직군의 직무별 특성**

직무	개요	역할	자질/역량
생산관리	생산계획, 인적 · 물적 생산자원 관리	• 연간 · 분기별 생산계획 수립 • 생산 실행, 인원관리, 외주관리 • 공정 관리 · 개선, 설비 · 장비 관리	대인관계능력, 리더십, 분석능력, 합리성, 추진력
생산기술	생산공정, 설비 설계 · 도입, 생산설비 관리	• 생산에 필요한 공정 설계 · 개선 • 생산설비 도입 · 개선, 관리 정비	분석능력, 통찰력, 창의력, 문제해결능력, 지도력, 합리성
생산기능직	부품 등을 활용한 제품생산, 제품검사	• 단계별 부품 및 제품 조립 • 결함 제품 검사하여 문제해결	유연성, 창의력, 리더십, 팀워크지향, 통솔력, 성실성
품질관리	제품개선 및 품질보증, 검사	• 품질 정책 및 계획 수립 • 생산제품 품질관리 · 보증 • 작업표준화	정보수집활용능력, 분석능력, 의사소통능력, 전문성, 지도력
환경/안전	안전시설 설치 · 유지 · 보수, 대기 · 수질 · 환경오염 방지시설 관리	• 기업의 환경정책 수립 • 환경점검, 환경오염 방지 시설 관리 • 안전 · 소방 · 보건 관리	분석능력, 대인관계능력, 협상능력, 설득능력, 전문성, 성실성
연구개발	신제품 개발, 기존 제품 수정 · 보완 관리	• 시장에 부합하는 신제품 개발 • 기존 제품의 수정 · 보완 관리	유연성, 창의력, 목표지향, 도전성, 합리성, 분석능력

표 6 **IT 직군의 직무별 특성**

직무	개요	역할	자질/역량
웹기획/웹마스터	인터넷 사이트 관리 및 문제해결	• 기업에 필요한 인터넷 사이트 개발 기획 및 관리 • 인터넷 사이트상의 문제해결	유연성, 창의력, 목표지향, 대인관계능력
웹디자인	홈페이지 도안 디자인, 방송/영화/게임에 필요한 그림/자막 디자인	• 컴퓨터 그래픽을 활용하여 인터넷 홈페이지 도안 • 사이트 활용에 필요한 그림 및 글자 등을 디자인	유연성, 창의력, 목표지향, IT활용능력
프로그래머	컴퓨터 프로그램 구현 업무	• 컴퓨터 프로그램의 논리나 알고리즘 설계	분석능력, IT활용능력, 유연성, 창의력

통신기술/모바일	웹 프로그램 개발 및 유지·보수, 모바일 프로그램 개발 및 유지·보수	• 기업에서 필요한 웹 프로그램·모바일 프로그램 개발 및 유지·보수	분석능력, IT활용능력, 정보수집활용능력, 대인관계능력
일반 기업	기업 홈페이지 관리, 기업 정보기술 관리	• 홈페이지 유지·보수 • 기업 정보관련 프로그램 유지·보수	IT활용능력, 문제해결능력, 정보수집활용능력

표 7 서비스 직군의 직무별 특성

직무	개요	역할	자질/역량
승무원/관광	항공기, 열차, 선박 승객응대 및 사무수행	• 항공기승무원, 열차승무원, 선박승무원 • 승객들에게 주의사항 전달 • 식음료 전달 및 서비스 제공	성실성, 사교성, 상황판단능력, 인내력, 조정능력, 대인관계능력, 국제감각, 어학능력, 의사소통능력, 고객지향
호텔리어	객실 예약·판매, 접객, 홍보, 종사원 업무 관리, 서비스 교육	• 객실 예약 업무 및 판매, 호텔에서 이루어지는 각종 활동 계획, 종사원 업무 관리, 부서별 매출 증진 전략 수립, 서비스 향상 및 청결유지 관리	성실성, 사교성, 언어능력, 설득능력, 목표지향성, 국제감각, 어학능력, 대인관계능력, 고객지향
금융창구/텔러	예금·대출 상담, 외환, 입출금 등 창구 업무	• 제반 창구 업무 수행, 고객 상담 및 문제해결 업무 • 입출금, 예금, 대출상담, 신용카드, 여신, 외환 업무 등 은행 일반 업무	치밀성, 주의력, 책임성, 계산능력, 상황판단능력, 사교성, 고객지향, 의사소통능력, 대인관계능력

표 8 기타 전문 직군의 직무별 특성

직무	개요	역할	자질/역량
건축/토목	목적성에 적합하게 적절한 재료 선택, 실용적·미적 구조물 형성	• 기술공학적으로 구조물 창작 • 기술, 구조 및 기능을 수단으로 쾌적하고 안전한 생활을 하기 위한 기술적 전개	통솔력, 추진력, 전문성, 합리성, 정교성, 책임성, 성실성, 분석능력, 리더십, 대인관계, 목표성취지향
조리/영양사	영양 서비스 제공, 급식 관리, 영양상담	• 피급식인의 건강증진 및 식단 작성, 검식 및 배식 관리 • 구매식품 검수 관리, 급식시설 관리 • 영양지도, 영양상태 평가, 영양지원	사교성, 공감성, 기민성, 전문성, 정교성, 사회성, 청렴성, 조정능력, 성실성, 리더십, 분석능력

강미영(2019). 진로교과목을 수강한 대학생의 진로구성 경험에 관한 내러티브 탐구. 숙명여자대학교 박사학위논문.

강미영(2020). 진로탐구와 미래설계. 경남: 인제대학교 출판부.

강미영, 김봉환(2020). 대학생의 진로구성 경험에 관한 내러티브 탐구: 진로교과목과 진로구성 이론을 중심으로. 질적탐구, 6(1), 255-304.

강민식, 민세홍, 문경숙, 송윤재, 이충우, 박선영, 곽희찬, 박윤주(2014). 진로세미나 가천 CDP. 가천대학교 취업진로처.

강인애(1997). 왜 구성주의인가?. 서울: 문음사.

고향자(1992). 진로의사결정모형의 문헌적 고찰. 인간이해, 13.

고향자, 김영아(2003). 대학생 진로상담에서 인지적 정보처리접근의 유용성 고찰. 한국심리학회지: 상담 및 심리치료, 15(3), 383-402.

교육부, 한국직업능력개발원(2016). 2015 진로교육 목표와 성취기준.

교육부(2020). 2020 학교 진로교육 지원계획.

교육부(2021). 2021년도 대학 진로탐색학점제 지원 사업 기본계획.

교육부(2023). 진로교육 활성화 방안[2023~2027]

구교준, 김성배, 윤종현(2012). 용인 가능한 지역 간 격차와 지역정책: 삶의 역량 접근을 중심으로. 한국행정학보, 46(3), 173-192.

구교준, 임재영, 최슬기(2015). 행복에 대한 이론적 고찰. 정부학연구, 21(2), 95-130.

구성우, 김병주(2015). 직무일치에 영향을 미치는 대학생의 특성변인, 한국교육재정경제학회, 24(3), 187-210.

국가교육과정정보센터(2009). 2009 개정 교육과정 해설서.

권석만(2010). 인생의 2막 대학생활. 서울: 학지사.

김금찬, 김병화, 오중현, 정진(2020). 진로설계와 취업전략. 서울: 지식인.

김봉환(2019). 진로상담의 이론과 실제. 서울: 학지사.

김봉환, 강은희, 강혜영, 공윤정, 김영빈, 김희수, 선혜연, 손은령, 송재홍, 유현실, 이제경, 임은미, 황매향(2018). 진로상담(2판). 서울: 학지사.

김봉환, 김은희, 김효원, 문승태, 방혜진, 이지연, 조붕환, 허은영(2021). 진로교육개론. 서울: 사회평론아카데미.

김봉환, 정철영, 김병석(2006). 학교진로상담(2판). 서울: 학지사.

김소연, 정희숙(2015). 한 중년여성의 진로구성 과정. 한국콘텐츠학회논문지, 15(5), 265-282.

김안국, 장주희, 김지영, 이상호(2017). 한국 사회의 학력주의(Credentialism)와 포스트 NCS. 한국직업능력개발원.

김영인, 노경주, 정철영(2006). 청소년 진로 및 학업지도. 서울: 한국방송통신대학출판부.

김윤경(2017). 제4차 산업혁명 시대의 국내환경 점검과 정책 방향. KERI Brief, 16-33.

김정택, 김명준, 심혜숙(2006). STRONG 직업흥미검사 활용가이드. 서울: 어세스타.

김지연, 고홍월, 김영화, 이혜은, 인효연(2022). 학교 상담자를 위한 진로상담의 이론과 실제. 서울: 학지사.

김철(2023). 4차 산업혁명 시대의 인재상에 대한 교육철학적 접근. 교육혁신연구, 23(1), 49-70.

김태길(1996). 삶이란 무엇인가. 서울: 자유문학사.

김희정(2007). 한국 대학생을 위한 Holland 직업흥미모델의 적용성에 관한 연구. 상담학연구, 8(2), 603-619.

대한상공회의소(2023). 100대 기업 인재상 보고서. 대한상공회의소 발간자료.

대한상공회의소 보도자료(2023). 100대 기업 인재상 보고서. 2023. 1. 31.

박완성, 김미숙(2019). 대학생의 계획된 우연과 진로신념이 진로탄력성에 미치는 영향. 학습자중심교과교육연구, 19(24), 189-211.

백병부, 황여정(2009). 대졸임금 근로자의 일자리 만족도 영향요인에 대한 구조분석. 한국직업능력개발원, 12(2), 123-146.

손은령(2009). 진로선택과정에서 우연 혹은 기회의 역할고찰. 상담학연구, 10(1), 385-397.

손정선(2008). 전공과 직업일치에 따른 직무만족도. 성균관대학교 석사학위논문.

안경섭, 진선미(2013). 역량평가, 이렇게 대비한다. 서울: 책으로보는세상.

오현주(2012). 작업자의 계획된 우연과 기회전략이 직업안녕감에 미치는 영향. 경기대학교 박사학위논문.
유교문화연구소(2015). 논어. 서울: 성균관대학교 출판부.
유필화, 황규대, 강금식, 정홍주, 장시영(2022). 4차 산업혁명 시대의 경영학. 서울: 도서출판 오래.
유한구, 민숙원(2017). 평생직업교육훈련의 개혁 방향과 과제. 직업능력개발원.
윤명희, 이정희, 서희정, 강창완(2018). 전공탐색과 생애설계. 서울: 학지사.
응웬 티 반안, 이윤주, 최웅용(2022). 대학생의 심리적 독립과 진로준비행동 간의 관계에서 계획된 우연기술의 조절효과. 취업진로연구, 12(3), 99-120.
이무근(1999). 직업교육학 원론. 서울: 교육과학사.
이무근, 이찬(2014). 대학생의 진로 멘토링. 서울: 교육과학사.
이미선, 김한나(2019). 대학생의 전공만족도와 진로상담이 전공일치 취업결정에 미치는 영향: 진로결정자기효능감의 조절효과를 중심으로. 취업진로연구, 9(1), 33-53.
이숙정, 김해란(2012). 환영받는 인재. 서울: 시그마프레스.
이재희(2010). 한 권으로 끝내는 기획 & 프레젠테이션. 서울: 케이앤제이.
이제경(2015). 융합교과목Ⅲ, 커리어스토리 개발 세미나. 한국기술교육대학교 HRD센터 연구보고서. 2014-05. 한국교육기술대학교.
이주진(2023). 진로와 취업전략. 서울: 한올출판사.
이지연(2002). 역량 중심의 대학생 진로개발전략 모색. 상담학연구, 3(2), 419-438.
이지연(2017). 4차 산업혁명을 대비한 청소년 진로교육의 방향. 한국진로교육학회 학술대회지, 65-96.
이창은, 우영효(2015). 취업과 진로. 서울: 동문사.
이현진, 강영배(2021). 후기 청소년의 심리적 독립이 진로준비행동에 미치는 영향: 진로적응성의 매개효과. 청소년문화포럼, 67, 57-84.
임은미, 강성현, 고홍월, 김경은, 김장회, 김희수, 박가열, 손진희, 어윤경, 이형국, 이효남, 최윤정, 최지영, 허은영(2020). 미래사회 진로교육과 상담. 서울: 사회평론아카데미.
임은미, 강혜영, 고홍월, 공윤정, 구자경, 김봉환, 손은령, 손진희, 이제경, 장진선, 황매향(2017). 진로진학상담 기법의 이론과 실제. 서울: 사회평론아카데미.
잡코리아(2020). 변화한 2020 상반기 취업 트렌드는?. 잡코리아 취업뉴스(2020. 3. 17.).
장원섭(2021). 교육과 일의 세계. 서울: 학지사.
정문희(2016). 커리어 스토리 인터뷰를 활용한 대학생의 내러티브 진로상담에 관한 질적 연구. 한국기술교육대학교 석사학위논문.
정석용, 이규은(2010). 자기계발과 직업. 서울: 동문사.

정지은, 정철영(2017). 대학생 진로역량 척도 개발. 농업교육과 인적자원개발, 49(3), 91-111.
정철영(1999). 진로교육의 이론과 실제. 서울: 교육과학사.
정철영, 나승일, 서우석, 송병국, 이종성(1998). 직업기초능력에 관한 국민공통 기본교육과정 분석. 한국직업능력개발원.
정철영, 서우석(2023). 대학생을 위한 진로탐색과 설계. 서울: 학지사.
조용개, 손연아, 이석열, 이은화, 이희원, 장상필(2010). 대학생활을 위한 학습전략 포트폴리오. 서울: 학지사.
주은지(2018). 성인애착과 부모로부터의 심리적 독립이 진로탐색행동에 미치는 영향: 계획된 우연기술의 매개효과. 청소년학연구, 25(8), 181-201.
주해식(2022). 직무분석의 이론과 실제. 서울: 한국인사관리협회.
채창균(2016). 대졸 청년의 전공일치 취업 실태 분석. KRIVET Issue Brief 91호. 한국직업능력연구원.
최수정, 정철영(2009). 사회연결망 분석을 통한 우리나라 온라인 진로정보 네트워크 분석. 직업교육연구, 28(3), 133-158.
최윤식(2020). 미래학자의 일자리 통찰. 서울: 김영사.
최정임, 장경원(2010). PBL로 수업하기. 서울: 학지사.
통계청(2020). 2020년 3월 청년고용동향. 통계청 보도자료(2020. 4. 17.).
한국고용정보원(2014). 청년층취업역량프로그램 진행자용 매뉴얼.
한국기업교육학회(2010). HRD 용어사전. 서울: 중앙경제.
한국산업인력공단(2015). NCS 개발 가이드북. 한국산업인력공단.
한미희, 심태은, 문윤경(2013). 진로설계와 리더십개발. 서울: 북코리아.
헤이컨설팅그룹(2006). 컴피턴시. 서울: 시그마인사이트컴.
황매향, 김연진, 이승구, 전방연(2020). 진로탐색과 생애설계(3판). 서울: 학지사.

독취기원(2021. 3. 11.). [기업정보] 15대기업 인재상 한 눈에 보기. 독취사. https://cafe.naver.com/dokchi/10898064
PMG 지식엔진연구소(2016. 4. 15.). 4차 산업혁명. 시사상식사전. 박문각. 네이버 지식백과. 2023. 8. 3. 검색, https://terms.naver.com/entry.naver?docId=6226822&cid=43667&categoryId=43667

Adcock, N. V., & Ross, M. W. (1983). Early memories, early experiences and personality. *Social Behavior and Personality*, *11*(2), 95-100.
Athey, T. R., & Orth, M. S. (1999). Emerging competency methods for the future. *Human*

Resource Management, *38*(3), 215-226.

Babdura, A. (1986). *Social Foundation of thoughtmand action*. Englewood Cliffs, NJ: Prentice Hall.

Barrows, H. S., & Myers, A. C. (1993). *Problem-Based Learning in Secondary Schools*. Unpublished monograph. Springfield, IL: Problem-Based Learning Institute, Lanphier High School and Southern Illinois University Medical School.

Bujold, C. (2004). Self-constructing. *Journal of Vocational Behavior*, *69*, 251-258. doi: 10.1016/j.jvb.2009.03.004

Bruhn, A. R. (1990). Early childhood memories: Theory and the projective use of autobiographical memory. *Journal of Personality Assessment*, *55*, 95-114.

Clark, A. J. (2002). *Early Recollection.-Theory and Practice in Counseling and Psychotheraphy*. Talor & Francis Group Ltd. 박예진, 박상규 역(2017). 아들러심리학에 기반을 둔 초기회상-상담이론 및 실제-. 서울: 학지사.

Cochran, L. (2011). The promise of narrative career counseling. In k. Maree (Ed.), *Shaping the story-a guide to facilitating narrative counseling* (pp. 7-19). Rotterdam, The Netherlands: Sense.

Csikszentmihalyi, M. (1997). *Finding Flow*. Hainaim Publishing Co. 이희재 역(2021). 몰입의 즐거움. 서울: 해냄출판사.

Del Corso, J., & Rehfuss., M. C. (2011). The Role of narrative in career construction theory. *journal of Vocational Behavior*, *79*, 334-339.

Dewey, J. (1938). E*xperience and Education*. *John Dewey: The Later Works*. Vol. 13. Carbondale and Edwardsville: Southern Illinois University Press.(EE). 임태동 편저. (2001). 존 듀이의 경험과 교육. 서울: 도서출판 원미사.

Freud, S. (1953). New introductory lectures. In *The complete psychologucal works of Sigmunt Freud: The standard edition* (Vol. 22). New York, NY: Norton.

Gysbers, N. C., Heppner, M. J., & Johnston, J. A. (2014). *Career Counseling* (4th ed.). 김봉환 역(2017). 진로상담의 실제. 서울: 학지사.

Harren, V. A. (1979). A model of career decision making for college students. *Journal of Vocational Behavior*, *14*, 119-133.

Hartung, P. J., & Taber, B. J. (2013). Career construction: Heeding the call of the heart. In B. Dik, Z. Byrne, & M. Steger (Eds.), *Purpose and meaning in the workplace*. Washington, DC: APA Books.

Herr, E. L. (2001). Career Development and its practice: A historical perspective. *The*

Career Development Quarterly, *49*(3), 196-211.

Hoyt, K. B. (1974). An introduction to career education. U. S. *Office of Education Policy Paper*. Washington, DC:The Office.

Krumboltz, J. D. (1975). A social learning theory of career decision making. In A. M. Mitchell, G. B. Jones, & J. D. Krumboltz (Eds.), *A social learning theory of career decision making*. Palo Alto, CA: American Instites for Research.

Krumboltz, J. D. (1989). *The effect of alternative career decision making strategies on the quality of resulting decision*. Palo Alto: Stanford University.

Maree, J. G. (Ed.). (2007). Shaping the story: *A guide to facilitating narrative counseling*. Pretoria, Soith Africa: Van Schaik.

Maree, J. G. (2010). Using early memories in career-story interviewing. In J. G. Maree (Ed.), *Career Counseling: Methods that work* (pp. 167-199). Cape Town, South Africa: Juta Academy.

Maree, J. G. (2013). *Counseling for Career Construction*. Sense Publishers. 김봉환, 장계영 역(2019). 진로구성상담의 원리와 실제. 서울: 학지사.

Maslow, A. H. (1943). A theory of human motivation. *Psychological Review, 50*(4), 370-396.

McAdams, D. P. (2001). The psychology of life stories. *Review of General Psychology*, *5*, 100122. doi:10.1037/1089-2680.5.2.100

McClelland, D. C. (1973). Testing for competence rather than for "intelligence". *American Psychologist*, *28*(1), 1-14.

McMahon, M., & Watson, M. (2015). *Career Assessment: Qualitative Approaches*. Sense Publisher. INC. 임은미, 강혜정, 김혜영, 정지영 역(2022). 구성주의 진로상담기법. 서울: 학지사.

McNamee, S. (1996). Psychotherapy as a social construction. In H. Rosen & K. T. Kuehlwein (Eds.), *Constructing realities: Meaning-making perspectives for psychotherapists* (pp. 115-137). San Francisco: Jossey-Bass.

Michell, K. E., Levin, A. S., & Krumboltz, J. D. (1999). Planned happenstance: Constructing unexpected career opportunities. *Journal of Counseling & Development*, 77(2), 115-124.

Neimyer, R. A., & Buchanan-Arvay, M. (2004). Performing the self: Therapeutic enactment and the narrative interation of traumatic loss. In H. Hermans & G. Dimaggio (Eds.). *The dialogical self in psychotherapy*. New York, NY: Brunner-Routledge. doi:10.4324/9780203314616_chapter_11

Nevo, O. (1987). Irrational expectations in career counseling and their confronting arguments. *The Career Development Quarterly, 35*(3), 239–250.

OECD (2004). Career Guidance and Public Policy: Bridging the Gap, OECD Publishing, Paris.

Rehfuss, M. (2009). The future career autobiography: A narrative measure of career intervention effectiveness. *The Career Development Quarterly, 58,* 82–90.

Rehfuss, M., Del Corso, J., Galvin, K., & Wykes, S. (2011). Impact of the Career Style Interview on Individuals With Career Concerns. *Journal of Career Assessment, 19*(4), 405–419.

Rice, F. P., & Dolgin, K. G. (2008). *The Adolescent: Development, Relationship, and Culture* (12th ed.). Pearson Education, Inc. 정영숙, 신민섭, 이승연 역(2009). 청소년심리학(12판). 서울: 시그마프레스.

Rojewski, J. W. (1999). The role of chance in the career development of individuals with learning disabilities. *Learning Disability Quaterly*, *22*(4), 267–278.

Ryan, R. M., & Deci, E. L. (2000). Self-Determination Theory and the Facilitation of Intrinsic Motivation, Social Development, and Well-Being. *American Psychologist*, *55*, 68–78.

Ryff, C. D. (1995). Psycholgical Well-Being in Adult Life. *Current Directions in Psychological Science*, *4*, 99–104.

Ryff, C. D., & Keyes, C. L. M. (1995). The Structure of Psychological Well-Being Revisited. *Journal of Personality and Social Psychology*, *69*, 719–727.

Ryff, C. D., & Singer, B. (2000). Interpersonal Flourishing: A Positive Health Agenda for the New Millennium. *Personality and Social Psychology Review*, *4*, 30–44.

Savickas, M. L. (2006). *Counseling for career construction(facilitaing the storied approach in(career) counseling: Practical implementation).* Paper presented at the 15th Australian Career Counseling Conference, Sydney, Australia.

Savickas, M. L. (2011). *Career Counseling*. American Psychology Association. 김봉환, 김소연, 정희숙 역(2015). 커리어 카운슬링. 서울: 박영사.

Savickas, M. L., Nota, L., Rossier, J., Dauwalder, J., Duarte, M. E., Guichard, J., Soresi, S., van Esbroeck, R., & van Vianen, A. E. M. (2009). Life designing: A paradigm for career construction in the 21st century. *Journal of Vocational Behavior*, *75*, 239-250. doi: 10.1016/j.jvb.2009.04.004.

Schwab, K. (2016). *The Fourth Industrial Revolution*. World Economic Forum. 송경진 역(2016). 클라우스 슈밥의 제4차 산업혁명. 서울: 메가스터디BOOKS.

Sears, S. (1982). A definition of career guidance terms: A national vocational guidance association perspective. *Vocational Guidance Quarterlity*, *31*(2), 137-143.

Sharf, R. S. (2014). *Applying Career Development Theory to Counseling*. CENGAGE Learning. 김진숙, 김정미, 서영숙 역(2016). 진로상담: 아동기부터 성인기까지 진로발달 이론의 적용. 서울: 박학사.

Spencer, L., & Spencer, S. (1993). *Competence at work: Modela for superior performance*. New York: John Wiley & Sons, Inc.

Super, D. E. (1990). A life-span, life-space approach to career development. In D. Brooks (Eds), *Career choice and development: Applying contemporary theories to practice* (2nd ed.). pp. 197-261). San Francisco: Jossey-Bass.

Sweeney, T. J. (1998). *Adlerian Counseling: A Practitioner's Approach*. Talor & Francis Group Ltd. 노안영, 강만철, 오익수, 김광운, 송현종, 강영신, 오명자 역(2005). 아들러 상담이론과 실제. 서울: 학지사.

Taber, B. J., Hartung, P. J., Briddick, W. C., Briddick, H., & Rehfuss, M. (2011). Carrer Style Interview: A contextualized approach to career counseling. *The Career Development Quarterly*, *59*, 274-287.

Tolbert, E. L. (1980). *Counseling for Career Development* (2nd ed.). Boston: Houghton Miffin.

UBS (2016). Extreme automation and connectivity: The global, regional, and investment implications of the Fourth Industrial Revolution. *UBS White paper for the World Economic Forum*, Annual Meeting 2016.

Watts, A. G. (2008). *Career guidance: challenges and opportunities*. Invited presentation at the Sandton Convention Center, Johannesburg, South Africa.

WEF (2016). *Report: The Future of Jobs*. Employment, Skills and Workforce Strategy for the Fourth Industrial Revolution, January.

Weinstraub, K. (1975). Autobiography and historical consciousness. *Critical Inquiry*, *1*, 821848. doi:10.1086/447818

White, R. (1959). Motivation reconsidered: The concept of competence. *Psychological Review*, *66*, 279-333.

찾아보기

저자 소개

강미영(Kang Miyoung)

숙명여자대학교 교육대학원 교육학과(상담교육 전공, 교육학 석사)
숙명여자대학교 대학원 교육학과(상담 · 생활지도 전공, 교육학 박사)
전 유원대학교 교양융합학부 조교수
한국해양대학교 해양미래인재개발원 계약교수
숙명여자대학교 교육대학원 초빙대우교수
현 인제대학교 리버럴아츠교육학부 조교수
인제대학교 진로교육지원센터장

대학생을 위한 진로탐구와 역량개발

Career Inquiry and Competence Development for University Students

2024년 2월 10일 1판 1쇄 인쇄
2024년 2월 15일 1판 1쇄 발행

지은이 • 강미영
펴낸이 • 김진환
펴낸곳 • (주) 학지사
04031 서울특별시 마포구 양화로 15길 20 마인드월드빌딩
대표전화 • 02)330-5114 팩스 • 02)324-2345
등록번호 • 제313-2006-000265호

홈페이지 • http://www.hakjisa.co.kr
인스타그램 • https://www.instagram.com/hakjisabook

ISBN 978-89-997-2990-4 93180

정가 17,000원